跨文化背景下
高职英语教学创新探索

李　芳◎著

吉林出版集团股份有限公司

图书在版编目（CIP）数据

跨文化背景下高职英语教学创新探索 / 李芳著．—长春：吉林出版集团股份有限公司，2021.12

ISBN 978-7-5731-0986-6

Ⅰ．①跨… Ⅱ．①李… Ⅲ．①英语—教学研究—高等职业教育 Ⅳ．①H319.3

中国版本图书馆 CIP 数据核字（2021）第 247269 号

跨文化背景下高职英语教学创新探索

著　　者　李　芳
责任编辑　曲珊珊
封面设计　林　吉
开　　本　787mm×1092mm　1/16
字　　数　210 千
印　　张　9.5
版　　次　2021 年 12 月第 1 版
印　　次　2021 年 12 月第 1 次印刷
出版发行　吉林出版集团股份有限公司
电　　话　总编办：010-63109269
　　　　　发行部：010-63109269
印　　刷　北京宝莲鸿图科技有限公司

ISBN 978-7-5731-0986-6　定价：78.00 元

前　言

在高职的英语教学中，跨文化教学是一项十分重要的内容，对学生英语学习中的综合素养提升有着重要的作用。教师在教学时除了要对学生进行英语知识讲解与能力的训练，还要注重对学生跨文化意识的培养。深入挖掘教学内容中的跨文化思想与内涵，然后运用创新性的教学手段展开全面且深入地教学，帮助学生在有效地理解教学内容的前提下，打开国际化的视野，开拓自身的思维进行更深入地英语学习探究，促进自身综合素养的提升。

在大部分的高职英语教学过程中，受教师自身的专业素养以及对英语学科的落后观念等因素的影响，教师往往不注重教材内容中的文化联系教学。在涉及一些有关国外文化的教学内容时，教师通常只针对其中所蕴含的文章大意、语法结构以及陌生词汇等语言形式着重进行讲解，从而忽略了整篇内容的重要教学思想。这样学生不仅会对外来文化内容感到陌生，还会被本体文化思想的差异所影响，降低自身的全方位英语素养。除此之外，教师在对学生进行英语教学时，往往会出现教学方式不恰当的问题，比如对一些内容性较强的文章，教师不能浅层次地挖掘其中所蕴含的语言知识点，而要通过多种手段对教学内容的深层次含义进行挖掘，加强学生的多重理解能力，帮助学生有效地消化教学内容。

高职院校的学生面临着十分重大的就业压力，在日常英语学习中往往会专注于专业知识或技能的学习，而会忽视英语教学中的跨文化意识或者外来文化内容。他们通常认为这种跨文化教学内容对于英语考试来说是无关紧要的，这样的观念也就造成了他们对外来文化内容的不重视。长此以往，高职学生的眼界或视野会越来越狭隘，由于对其他国家的风土人情、语言文学等方面的内容了解甚少，在之后的学习或生活过程中会产生消极的影响，无法用宽阔的视野和广阔的内心去接受文化差异，进而降低高职院校学生的社会适应能力。

总的来说，教师想要在高职英语教学中进行深入地跨文化教学渗透，首先要针对教材内容中的中外文化内涵进行提取，然后通过创新性的教学模式与方法进行教学内容讲解与思想渗透。除此之外要针对学生的跨文化教学需要开展“第二课堂”，通过多种形式的教学对学生进行有效地跨文化意识培养，提升学生的国际文化视野，为学生的英语学习做一定的延伸与补充，综合性提升学生的英语文化素养。

目　录

第一章 跨文化交流的理论研究

第一节 跨文化交流的动因

随着科学技术的发展，文化之间的交流不再受到地域限制。本节着眼于跨文化交流的全球化，浅析跨文化交流的形成动机、交流趋向、交流形态几方面。跨文化交流的形成原因包括政治、经济、民间传统文化等方面；跨文化交流趋向受到文化差异、生产力水平、新媒体的产生等不同因素的影响并有着不同的呈现；由于各种影响因素不同，跨文化交流形态又呈现出传播单向性、同化现象、信息不对等。

跨文化交流是不同地区、不同文化背景的人与人、社会和社会之间的信息交流。跨文化交流是一个不断地变化的运动过程，像其他运动一样有自己的变化趋势。这种文化交流之间的趋势代表了双方文化交流的关系，也决定了文化的更新速度和发展趋势。在跨文化交流中，消极落后的文化会被主动先进的文化所浸染覆盖，反而带来不好的影响，一些落后的国家可能就会失去自己的文化特色，使文化发生某种变质现象。

一、跨文化交流及形成动机

（一）跨文化交流概述

跨文化交流（cross-cultural communication 或 inter-cultural communication）是指不同文化背景的个人和群体之间的交际活动，是人类文化传播的重要方式之一。跨文化交流能够消除文化中心主义，能使人们理解不同社会文化的结构构成和角色分工，促进不同文化背景下的人们形成情感共鸣，从而使人们对异质文化形成客观、公正、全面的认识和理解，消除民族中心主义的偏见。跨文化交流是在经济全球化和移民潮不断地涌现的时代背景下产生的新兴学科，研究内容涉及不同文化背景下的价值取向和思维方式的差异、不同民族风俗所积淀的文化符号、代码系统的差异、不同社会结构导致的角色关系、行为规范的差异以及不同交际情景制约的语言规则、交际方式的差异。我国于 20 世纪 80 年代开始对该领域进行研究，随着研究的不断地深入，目前，该学科已经涉及商业、经济、教育等多个领域，并不断地促进着世界的沟通和交流。促进跨文化交流，需要坚持文化多元共存理念，时刻警惕民族中心主义情结的复苏，在相互尊重的基础上，正视文化之间的差异性，顺应时代发展的潮流和趋势，推动人类社会的文化交流和理解，以实现不同文化背景下个体、群体之间的和谐共处。

（二）跨文化交流的形成动机

随着现代社会的快速发展，世界上各种政治、经济和文化之间的交流越来越多，不仅推动了各个国家的发展，还促进了各个国家内部多元文化之间的求同存异，使人类创造出来的社会文化焕发生机、蓬勃发展。在各国追求政治与经济和平稳定的基础上诞生的全球化浪潮，是跨文化交流形成的基础，给各国之间的文化交流共享提供了一个平台，同时以文化产业为传播渠道的跨文化交流也带动了各国之间经济政治的发展往来。由于地域、环境等因素的影响，各国之间的文化存在差异，这种文化差异又促进了各国跨文化交流的往来。

文化之间存在着区别于其他文化的内容，这就是我们所说的文化差异。文化差异是存在于人类社会生活中的基本现象，主要体现在物质、精神和制度三个层次。物质上的差异表现在食物、服饰等方面。比如，生活在北极的因纽特人是以海洋中的海鲸等生物为食，生活在热带雨林的原始人则是以浆果为食，这就是物质上的差异。又如，中国人安土重迁，重视落叶归根，而美国人喜欢到处迁移，家乡意识比较弱，这就是精神差异的一个体现。正因为文化存在着差异，因此才有了交流学习的必要。

二、跨文化交流的趋向

（一）文化差异的作用

研究文化的差异的目的是发现文化交流的形成动力。两种文化如果存在高低的差异，那么高文化就会在跨文化交流中占据主体地位，并主导文化的发展，使低文化不由自主地向高文化靠近，这也是跨文化交流的基本形式，而且这种跨文化交流趋向是不可逆转的。在跨文化交流过程中，两种不同的文化相互碰撞、融合，最终产生一种新的文化。如果跨文化交流中的双方文化程度差距很大，那么低文化就没有能力去抵抗高文化，最终只能被动地接受高文化的影响，因此，与其被动地改变，不如主动地学习、借鉴高文化，自我更新、发展到一个崭新的高度。文化是在人类适应自然、改造自然的过程中逐渐形成的，不同地方的文化受到地域、环境等其他种种因素的影响而产生文化差异，而跨文化交流的主要动力因素就是文化差异。当不同文化、不同背景的人们在一起交流时就会产生矛盾，这种矛盾又会转化成一种促进文化交流的动力。

（二）生产力水平的影响

文化差异会对跨文化交流的趋向产生影响，除此之外，不同时期的生产力发展水平的差异也会影响文化之间的流通。跨文化交流也是一种文化的传播，生产力的高低决定了社会形态的发展变化，文化传播形式也会根据社会形态而产生相应的变化。在生产力较为低下的古代，由于缺少传播工具，人们一般使用较为落后的人际传播进行交流。文字、印刷术被发明后，人们能广泛使用书籍、信件等形式进行交流，各国之间的跨文化交流变得频繁。广播、电视产生后，越来越多的人可以加入到不同文化的交流之中，各种文化之间也开始进行着不同程度的交流对话。传播形式的创新使跨文化交流更加兴盛。

（三）新媒体的影响

新媒体的出现为文化传播提供了一条新的传播渠道，实现了零时间、零距离的文化交流，各国之间的文化交流更加方便。各个国家的公民都可以使用新媒体发布文字、视频、图片等信息，并通过新媒体表达自己的观点意见，然后展开讨论，跨文化交流的范围也因此变得更广。新媒体的出现促进了信息“地球村”的形成，人们无须走出房门就可以了解到各个国家发生的事情，能及时地了解其他国家的动态。新媒体的出现为社会的发展和人类的进步都作出了巨大的贡献。当然，新媒体在推动跨文化交流发展的过程中也产生了一些负面影响。由于文化的发展总是遵循着由低到高的进化原则，因此新媒体的出现可能就会导致某些低文化的消失。人类总是追求先进的事物。因此，在文化交流融合中，处于低文化中的人会不自觉地接近高文化，最后有可能会导致其排斥本国的文化。

三、跨文化交流的形态

（一）文化传播单向性

存在差异的两种文化在交流传播过程中，其中一定有一种是比较主动的，而另一种是被动的。在这种情形下，跨文化交流就是一种单向性的文化交流。虽然在某种程度上也提高了主动一方的文化水平，同时，主动的一方也遭到了沉重的打击。以留学为载体的跨文化交流，交流双方的文化存在差异，二者几乎不可能处于统一的水平。教学的教师处于主动传播的地位，而学习的学生是被动接受知识传播的一方。大部分情况下，主动学习文化的一方文化背景相对来说处于较低的地位，而教学的文化内涵和文化背景处于较高的地位。去其他国家学习的学生需要接受教师所传播的他国的文化、思想和经验，以此来弥补自身的不足。这种跨文化交流不同于以战争为载体的文化传播，该跨文化交流是在双方的自主选择之下进行的，是相对平等的交流方式，属于跨文化交流中的正常现象。

（二）同化现象

跨文化交流是文化在发展中不断地碰撞、融合的重要途径。文化在时代变迁中的传承方式主要包括文化同化、文化传播和文化进化这三个方面，因此，跨文化交流也可以是这三种形式。它既可以是文化的传播、文化的进化，也可以是文化的同化。在两个不同国家的跨文化交流中，两种文化存在着性质上的差异、高低程度上的不同。一般情况下，低文化会通过学习逐渐向高文化靠近，这实际就是文化碰撞中的进化过程。而较高程度的文化在低文化区域中的散播和流传，实际上就是文化的传播过程。不同的文化在激烈的碰撞过程中吸取彼此的优势和长处，摒弃落后糟粕，不断地交流、融合，从而衍生出全新的文化，这实质上就是文化的同化。

（三）信息传播不对等

在跨文化交流过程中，交往国家之间的交流形式是存在差异的。两种不同的文化在交流过程中持不同的态度，一方在交流过程中处于主动领导的地位，而另一方则是处于被动接受的地位。主动和被动在跨文化交流中是相对的。在两国之间进行跨文化交流时，如果一方处于主动的地位，那么另一方就处于被动的地位。跨文化交流中的地位取决于各国文化的性质的差别。一般情况下，高文化在跨文化交流中是主动的形态，就像是现实中的山脊，而低文化在交流中是被动的形态，像是谷地，而双方所交流的信息就像是雨水，总会从山脊流向谷地。在当今世界，经济全球化趋势愈加明显，在跨文化交流过程中常出现低文化国家的民族文化逐渐弱化或消失，或是向高文化国家演变，这就是双方信息交流不对等造成的。高文化国家所传播的信息更加先进，容易吸引低文化国家的目光。

感知是个人对外界刺激的选择过程，更是评价和组织过程的全面体现。从整体来看，感知与文化之间存在密切联系。首先，人们在外部刺激的反应过程中应该以外部环境的倾向性为主，对先后次序进行修正，这与文化学习存在紧密关联。除此之外，感知出现之后，会对各种类型的文化和沟通产生严重影响，这也是人们在沟通和交流过程中存在的主要障碍。站在大学教育的角度来说，由于民族和文化的不同，信仰也不同，因此此时的文化价值便是人们在学习过程中所遵守的价值判断和依据。大学教育主要是对学生的价值观念进行补充和修正，促使他们朝着更好地方向发展。文化背景的不同，为跨文化交流制造了很多麻烦，并衍生出不同的价值判断。由于这种文化差异性的存在，使跨文化教育产生了不同特点，由此制造出新的沟通障碍。

在成见因素的作用下，人们并不对个体成员的特征进行认知，而是对群体中的某个特定的成员进行认知。在大学跨文化教育之中，当学生们突然进入一个熟悉的行为情景时，更多地感受到的是不安和紧张，这也是文化冲击最明显的体现。从整体来看，跨文化交流中的成见因素形成是可以避免的，但现阶段取得的效果十分有限。大多数人都有懈怠情绪，不愿意去了解不同境遇之中的其他人。在接收到错误信息之后，人们往往会利用模糊性质的概念来解决心中的疑惑，从而为更多的人带来不安和痛苦。受到成见因素的影响，跨文化教育的成效变得十分有限。在大学教育过程中，有的留学生被孤立在某一个角落之中，这对于学生的健康成长影响十分严重。

共感的产生主要来源于设身处地的考虑，这其中包括他人的苦乐和经历等。只有对他人的这些情感感同身受，才有可能与其产生共鸣。如果在跨文化教育之中缺乏共感，共鸣能力将会严重下降，将不能准确地去评价和了解别人，也更不利于接受文化之间的差异性。人们若想在跨文化交流之中产生共感，首先要做的便是利用语言和行为的沟通做好正确的文化归因，尤其是在不同的文化主体交流过程中。如果一种文化受到了另一种文化的破坏，被冒犯者便会认为对方对自身文化不了解，在此种思想的引导下，往往冒犯者是可以被原谅的，但如果将冒犯者的跨文化交流障碍归咎于非文化背景，冒犯者便会给人留下一种不好的印象，整个问题的发展势态也会更加严峻，这也是文化归因问题衍生的一种形式。

四、促进跨文化交流的策略

（一）识别文化中存在的差异

在跨文化交流和教育过程中，想要做到对各种文化深入理解，应该对教育过程中所遇到的文化背景进行深入了解，并做好预期的规划工作，在提高自身学习效率的同时，将语言学习和非语言学习区分开来。首先，在语言学习过程中，应该以与其他语言的流畅沟通为主，消除语言交流和沟通方面的障碍。非语言的学习包括肢体语言及基本商务礼仪等，尤其是在问候方式的掌握上显得十分重要，如握手、鞠躬等。其次，对不同语言的用法和语义进行掌握，在了解文化背景的同时，将其中隐藏的特殊含义突显出来。只有这样，才能避免在具体语境之中使用错误的语义，以致于在语言交流上产生一定的误解。最后，在跨文化交流与教育之中，还要做好历史、文化等社会知识的了解工作，在掌握丰富的文化内涵之后，再实施跨文化交流，只有这样，才能在不同的文化背景下做到灵活沟通。

（二）发展共感，理解对方文化

想要实现共感的有效地发展，首先要做到的是将不同文化和不同个体之间的差异性突显出来。只有认识到这种差异性的存在之后才能对其中的特点进行总结，为共感的培养制造一个良好的环境，把握好共感的培养方向。其次，还要在学习过程中正确认识自己，将优越感和民族偏见消除，实现自我和现实环境的有效地分离。最后，排除自身对外来文化的偏见，学会换位思考。设身处地地站在他人的角度来考虑问题，做到真正理解文化现象。只有保持一种客观、公正的心态，才能对异质文化进行全面理解，逐渐消除文化之中存在的种种鸿沟，为跨文化交流的实现奠定基础。

（三）做到求同存异，弱化文化冲突

在具体的跨文化沟通过程中，各种文化之间的差异性是客观存在的，这也是实施跨文化沟通和交流的主要原因。为了增强跨文化交流的有效地性，避免无效沟通和价值冲突现象的出现，在处理文化差异问题时，人们需要建立一个统一标准，做到求同存异。首先，对文化交流冲突产生的原因进行总结。其次，洞悉文化领域之间的差异，将各种冲突的表现特征总结在一起，了解其具体的表现状态。再次，在冲突发生之前，相关教育工作者应清楚地了解冲突的来源，以个人爱好和环境为前提条件，寻找最为合理的沟通交流方式。具体来说，在跨文化交流开始之前，沟通双方至少要对文化之间的差异表现进行了解，并做好一系列的心理准备工作，了解得越多，对后续沟通的帮助也就越大。最后，在具体的沟通环境中，人们应该提升沟通措施的灵活性，将沟通过程中存在的障碍点明晰出来，并

在第一时间解决，做到原则性和灵活性的有机统一。

文化的发展与一个国家、民族的精神和生活的方方面面都有着密切的联系。由于地域、经济等多方面的原因，国家、民族之间在文化上存在着不同程度的差异，而这种差异也成为国家之间跨文化交流的动力。在跨文化交流的过程中，我们要时刻关注文化交流发展的进程，防止文化侵略现象的发生，保护本国文化健康发展。

第二节 跨文化交流的原则

经济全球化进程使国家间跨文化交流日趋频繁，但是由于各国文化的“特殊性”和“差异性”，跨文化交流效果不甚理想。在新时代背景下，跨文化交流需要确立“普遍平等”“尊重差异”和“人类命运共同体”的基本原则，使跨文化交流能够在平等、互惠中顺利进行。

随着中国同其他国家的文化交流日渐频繁，如何在跨文化交流中克服传统文化认同的鸿沟以及超越“文明冲突论”的藩篱，使不同文明体间的交往互动更加高效，成为一项重要课题。

一、传统文化认同的解构

传统的文化认同将文化看作一个既定的实体和事实，文化认同是基于文化内部和外部的“差异性”形成的认同，从本质上遵从着文化中心主义的逻辑，通过文化之间的差异对文化分类，认为每种文化自成体系并且本质上没有相互关系，文化之间是“非此即彼”的关系。按照传统的文化认同逻辑和思维，各种文化都将自身的生活方式理解为正常的生活方式，而“他者”的存在则超出了正常的理解范围，按照这种文化价值观所形成的观念，必然会导致不同文化之间的冲突。

文化冲突的典型表现就是文明冲突，文明冲突通过将文化作为封闭和孤立的单位来划分世界，然后将不同文化之间的交流和互动关系描述为“冲突”，据此诠释国际政治并将其作为实现国家意志的政治策略。“文明冲突论”以人类文化交往中最明显的、最激烈的现象“冲突”来诠释跨文化交流，将“冲突”视为文化差异的必然结果，用“文明的冲突”的命题否定了“跨文化交流”的可能性。在这种背景下，文化或文明具有了新的政治意义和政治导向功能。“文明冲突论”是文化中心主义的典型表现，其实质仍然是冷战思维的延续，假设各个文化主体之间的关系是冲突的状态，使文化间的冷战替代了政治间的冷战。

总之，“文明冲突论”从一开始就将人们引入到一个理论陷阱中，即文明间只存在冲突，任何外来文明都是潜在的威胁，由此必须对其他文明进行防范，以维护自身的文化安全。只有超越传统文化认同和跳出“文明冲突论”的藩篱，我们才能构建理性和包容的跨文化交流原则。

二、构建跨文化交流的基本原则

随着全球一体化进程的加深，跨文化交流愈加频繁，但是传统的文化认同一般是建立在自我文化与他者文化的差异性之上的，以自我文化为中心看待世界，贬低和拒斥其他文化。

如果只认为自身文化是整个人类文化的中心，将使跨文化交流的开展面临诸多困难。每种文化都有其存在的价值，要理性地看待文化之间的差异性，认识到每种文化的独特性，不能因为其他文化与自身文化的差异性就设法去改造和同化。在新时代，跨文化交流应该遵循以下几项基本原则。

首先，跨文化交流需要在思想上和观念上确立“普遍平等原则”。从表面上看，每种文化都各具特色，但是究其实质，每种文化不过都是人类文明的有机组成部分，文化的特殊性都蕴含在人类文化的普遍性之中。因此，“普遍平等原则”是跨文化交流得以顺利进行的根本原则，对于人类文化的传承而言，各种文化的价值和地位是平等的，并且只有基于“普遍平等的原则”，才有可能使各种文化在坚持自身特殊性的同时，用一种开放和接纳的态度看待其他文化。跨文化交流的“普遍平等原则”不仅是跨文化交流的基本宗旨，而且应该成为跨文化交流的思想基石。但是想要真正实现跨文化交流的“普遍平等”，则需要人们都认同这一原则，并且自觉地参与到这种原则的制定和维护中，否则很容易流于形式而又重新回到“文明冲突论”的老路上。在跨文化交流的实践中确立“普遍平等原则”的根本途径在于探寻和解决文化之间的差异问题，将文化之间的差异性视为人类文明多样性的表现，从而实现真正的文化认同。

其次，跨文化交流需要坚持“尊重差异原则”。“尊重差异原则”能够有效地消除文化偏见和以自我文化为中心的优越感。对待各种文化的独特性和差异性应回归到人类的历史进程中去考察，文化之间固有的、本质的差异需要回到各自历史进程和历史背景中进行分析，从而真正理解各种文化存在的合法性和合理性，在认可自身文化特殊性的同时，使尊重和理解其他文化的差异性成为可能。文化的差异性不应该被同化和消灭，而是应该作为人类文化的一部分予以保留。“尊重差异原则”在跨文化交流中的具体方式是把排斥变为吸收，这样他者的差异性不仅不会被排除，而且会成为构成自我认同的一部分，使跨文化交流在不影响自我认同的同时，尊重他者的文化和生活方式。“尊重差异原则”应该成为跨文化交流实践的首要原则，从而改变过度褒扬自我文化、贬低他者文化的意识，将各文化的历史经验都作为人类整体文明多样性的表现，只有这样才能够实现自我理解和对他者理解两者关系的协调。

最后，跨文化交流需要树立“人类命运共同体”普遍原则。习近平同志提出的“人类命运共同体”体现了跨文化交流的“普遍平等原则”和“尊重差异原则”。一方面，“人类命运共同体”从人类的整体命运出发，超越了各种文化的特殊性和差异性，对于各种文化都具有普遍意义；另一方面，“人类命运共同体”尊重各种文化的特殊性和差异性，将各种文化都视为维护和捍卫人类命运的组成部分，任何文化都为人类命运共同体的构建贡献了各自的力量和智慧。“人类命运共同体”思想是最具普遍价值意义的文化理念，各种文化都是人类文明的组成部分，跨文化交流能够在人类命运共同体的框架内得到解决。“人类命运共同体”超越了民族认同、国家认同、地区认同、和文化认同，是人类发展至今所能够实现的最广泛且最恰当的普遍原则，应该作为跨文化交流的根本原则之一。

三、跨文化交流基本原则的实践途径

“跨文化交流”基本原则在实践中的真正确立需要不同文化主体的共同努力。首先，不同文化需要对传统文化认同的视角进行反思。文化认同意味着从一种特定的视角看待文化，只有意识到这种视角的存在，才有可能对文化认同中存在的偏见进行反思，为超越这种视角、从他者的视角看待文化成为可能。其次，需要书写和构建一部基于“人类命运共同体”理念之上的历史宏大叙事，通过这种宏大叙事树立对“人类命运共同体”的历史认同，从而建立超越传统的文化认同理念，实现跨文化交流从排斥到吸收的观念转变。最后，需要赋予“人类命运共同体”更多的文化价值内涵和评价维度，使我们在跨文化交流中能够以此作为标准，妥善地处理自身文化与其他文化、人类整体文化之间的关系，既不过度迷恋自身文化，又不盲从其他文化。

跨文化交流要求在保持自身文化认同的同时，消除潜意识中对于其他文化的贬低和防范，这就需要消除“文明冲突论”所带来的不良影响。跨文化交流需要按照“普遍平等原则”“尊重差异原则”和“人类命运共同体原则”建构一种新的跨文化交流机制和形式，承认文化多样性的合理性和必然性，使文化认同和理解的力量超越特殊性和差异性，从而减少和消除文化之间的矛盾和冲突。

第三节　跨文化交流障碍

在跨文化交际中，交流障碍和语境是很重要的因素，它包括外显和内化因素，是一个不断地变化的过程。在交际过程中，交际参与者在不同场合，顺应着语境的外显和内化因素，超越任何特定文化，使不同文化社团的人们在相互交际中充分地实现各自的话语潜势，在尽可能多地保留自身文化特征的同时又顺应不同语境，遵守其交际语言规则和语言语用及社会语用的顺应原则，才能最大限度地接近和理解对方，达到交际的目的。

一、语言障碍

跨文化交际首先碰到的就是语言不通的问题，对于这一点学过外语的人深有感触：在

我们使用第二种语言和以此为母语的外国人交流时，我们仍然不是那么得心应手，障碍仍然很多。其原因主要可以概括为两个方面：一是学习者没有掌握说第二语言的技能；二是不同语言有不同的特征。而这些特征又往往和与这种语言相关的文化、历史条件联系在一起，因而难以沟通。

提及掌握第二门外语的技能，除了传统意义上的听、说、读、写、译等常规技能外，还包括该民族语言中带有该文化特殊烙印的习语、俗语、谚语等成分。

二、心理障碍

由于对自己的信心不足，往往会在交际的一开始就形成一种心理劣势，因而在交际中表现出局促不安，紧张不已。具体表现为：一是过多地考虑言语交际外的因素引起的心理干扰；二是存在严重的自卑心理；三是各种成见和偏见的困扰。

在我们平时要求学生进行对话时，学生中间存在着这样一种普遍的心理现象。进行交流时，总会有学生反复思考："我的口语比他差，他会不会笑话我？""我的句子是否存在着语法错误？""我说的话不知道他能不能听懂"等问题，从而在客观上分散了表达者的注意力，影响了交际的质量。这种心理尤其在学生与外国人的交谈中更为突出。在一次游园时，几个学生看到外国人兴奋不已，很想上前攀谈几句，但始终鼓不足勇气："他是外国人，要是他听不懂我的话该怎么办？"其实，在他们眼中，我们也是外国人，在交际中他们可能比我们还要紧张，毕竟我们是在本土。

三、知识障碍

对他方所生活的环境、历史、风俗、禁忌等的不了解容易在言谈中出现障碍。这种障碍常常会在无意中触犯对方的禁忌，从而引起对方的不快。在跨语言交际中，因为对背景知识的不了解而在言语中冒犯对方的实例不胜枚举。轻则引起误会，重则挑起事端，影响交往的正常进行。

四、观念障碍

这里的观念即"文化价值观念"，它表明了人们对社会行为的品评态度，是制约每一个社会成员的伦理道德规范。由于价值的观念不同和文化体系的巨大差异，人对社会的认知态度也不尽相同。这样，如果缺乏相关的知识背景，就势必会影响到我们正常的交流。

如同样干一件事，假设美国人和中国人都有 80% 的把握，美国人就会毫不犹豫地说。"我有十足的信心，一定能把它干好！"而中国人往往要考虑一会儿，然后说，"让我来试试吧！"容易给人一种能力不够的感觉！殊不知，这只是文化价值的不同，而并非是能力差异。

五、跨文化交际语境顺应原则

顺应目的语文化。以目的语文化为主的场合，由于目的语文化的外显和内化因素起主导作用，交际参与者在语言语用和社会语用两方面都顺应目的语文化。否则就会造成交际障碍。例外，许多中国人由于受本民族文化的影响，在西方人家里，刚见面不久就与他们聊西方人十分敏感的“隐私”问题，常常吃对方的“闭门羹”。有时候，谈话用自己文化的思维方式滔滔不绝地讲解自己感兴趣的问题，而交际对方则用他自己文化的思维方式认为根本就不可理解，或者觉得莫名其妙，甚至感到气愤，这不仅使谈话不能正常进行下去，同时还会产生一些误解。

顺应源文化。以源文化为主的场合，由于源语文化的外显和内化因素起主导作用，交际参与者语言语用方面要顺应目的语文化，但在社会语用方面，应偏向源语文化。例如，在中国人自己家里按照中国文化的习惯对外国客人表示关心，问候英语人士时谈话过长、内容过细，招待时给予过多的关注，用中国人的方法劝吃劝喝以及谈论不该谈论的话题，不使用英语而用中国式的非语言的行为等，也是很自然。中国人应坦然行事，外国人应顺其自然。为此，胡文仲教师提到跨文化交际研究者中与中国人打过交道的人告诫将去中国做生意的西方人要“善于控制自己的感情”，不要“咄咄逼人”；“没有关系和联系，在重要的地方没能帮得上忙的朋友和同盟者，一个外国公司不大可能在中国取得全面的商业上的成功”。

灵活顺用。语言交际语境发生在目的语文化和源语文化均衡的场合，交际参与者的语言语用都应顺应目的语文化，但在社会语用方面可根据不同情况灵活运用。例如，在第三国的大背景下，中外人员混合型场合，中西餐馆等场合，主客因素不明，因此文化因素无主次之分。比如，在中国教师开设于目的语国的课堂上，中国老师虽然是课堂上的“主人”，但学生却是目的语国的“主人”，而且大多数物理和社会环境都是目的语文化的，所以很难分出文化因素的主次。这时，社会语用方面的顺应无须偏向哪一方，可灵活处理，相互照应，某些时候以目的语文化的方式行事。那种因不能共享同一种文化环境而产生的文化冲击，会逐步被求同存异的文化移情所取代，共创一个各方面都可以接受的语言环境，将成为跨文化交际的主要目标。

六、解决方法

大声诵读，培养语感。大学生往往只对学过的课文注重理解和语法方面的掌握，而经常忽视课文阅读，从而导致学生在交际时容易产生严重的恐惧心理，妨碍了英语语言交际的正常进行。对于好的文章或是老师推荐的优秀范文，学生可大声地朗诵直至背出。这样不仅可以提高对文章的熟悉程度和解题技巧，同时在诵读过程中也可自然培养语感，提升会话能力。

广泛阅读，注意收集。大多数中学生在平时学习过程中，对于阅读类文章比较反感，认为冗长的文字表达中掺杂着较多的新单词，会占用较多的学习时间。可以说这又是一个认识上的误区。在阅读文章时，我们可以了解到西方国家的文化历史、风土人情、风俗习惯等背景知识，了解英美文化和汉文化之间的差异，从而扩大自己知识面，增进文字的表达，提高跨文化语言交际的能力。在阅读的同时，大学生也应该养成良好的阅读习惯，可以采用做笔记的方法，将好的词句和表达记录下来，并且注意摘抄文章中的一些常用表达和背景文化等方面的知识。

善于发现，勤于联想。罗丹曾经说过："世上并不缺少美丽，而是缺少发现美丽的眼睛。"诚然，英语作为一门语言，我们到处都可以看到英语的存在。如在停车场，我们应该注意牌子上大写的"P"字母，并且知道他是"Parking"的意思。由此，我们就要想到其他有"停止"意思的单词，比如，stop，pause，cease，suspend 等。其中，stop 用法最为广泛，泛指一切"停止"之意，pause 是指"暂停"的意思，cease 尤指军事上的停火，如 cease the fire，而 suspend 则是"吊销"之意，如 suspend the license. 通过在不同的时间和场合的有意无意发现，你会发现好多你想知道和了解的表达就在你的身边。

创设情境，互动学习。学习英语口语的人总是抱怨没有语言交流的环境，不能和以英语为母语的人进行面对面的交流和沟通。其实，这也只是将自己不专心和不努力的主观原因归于客观条件的托词。语言的交流当然需要一定的语言环境，学习也应是主动的学习。因此，要想在实际生活中锻炼和提高自己的口语水平，就必须创设一定的语言环境。如在宿舍、在课间、在课后，两三个人可以就某一个话题展开讨论，用英语来实现日常交流，形成一种英语语言氛围；可以每天抽出一段时间收听电台的英语新闻，感受纯正的语音语调，进行比较直接的口语训练。

第四节　跨文化交流中文化差异

文化差异是各国人民生活所处的地理环境、历史背景、审美观不同所致。这些差异也同样会导致人们在思维模式、价值取向及语言结构上的不同，并给跨文化交流带来不可逆的影响。在跨文化语言运用过程中，成长于不同历史文化背景下的人们时常会因为文化差异造成沟通双方产生误解和冲突。研究文化差异对不同语言运用的影响，以期对跨文化交流中语言的运用方式给予指导，使跨文化交际顺利进行。

一、文化及跨文化交流的定义

美国人类学家克罗伯曾在《要领与定义评述》中指出，时至今日，人们对文化给出的定义已不下 300 余种。文化含义广泛，绝不局限于单一的定义。因此文化也成为专家学者们争相研究的热门话题。霍夫斯泰特曾给文化下过这样一个定义：文化就是在同一个环境中的人民所具有的“共同的心理程序”。由此可见，文化属于团体性概念而不是个体特征。也就是说，文化是生活在相同历史背景下的人们所具有的一系列共有特征，与社会经验、风俗习惯、受教育程度息息相关。所以生活在不同国家或地域的人们就一定会出现文化方面的差异，他们的经历不同、社会环境不同，思维方式也就不同。如中国俗语所说的“十里一风俗”就是这个概念。尽管学者们对于文化的概念众说纷纭，但文化具有差异性和共性这一论点得到了绝大多数专家学者的支持。据此也可得出跨文化交流的概念，即处于不同文化背景下的人们相互之间对信息正确完整地理解并传递的过程，涉及人们的交流习惯、社会心理、价值观等方面。

二、文化差异对语言运用的影响

文化差异指因生活地理环境不同导致人们产生的特有的风俗文化。即使在同一国家，当群体、区域不同时其文化差异也各不相同。文化差异涉及面较广，如风土人情、思维模式及语言运用等。以构词法为例：在造词过程中各种语言都或多或少地受到文化和历史的影响。如 Amazon（亚马孙河）在构词之初，人们将文化内涵蕴藏于其中。该词原意为“没有乳房”，其中“a=without（没有）”，“mazon=breast（乳房）”。据说，在塞西亚（Scythia）地区居住着一个被叫作 Amazon 的部落，该部落由高大剽悍、作战勇猛的女战士组成。为了不妨碍拉弓射箭，她们甚至将自己的右乳割去。该部落名 Amazon 后来就被引申为“割乳以便射箭的女战士”之意。16 世纪，西班牙探险家弗朗西斯科·德·奥雷利亚纳（Francisco de Orellana）在南美洲的一条大河河畔与当地一土著部落交战。在交战过程中，朗西斯科·德·奥雷利亚纳发现该部落的女战士英勇异常，与传说中的亚马逊部落人非常相似，遂根据希腊神话，将该河命名为 Amazon（亚马孙河）。由此可见，语言中隐含着文化。也就是说，一般情况下，外族人只需通过其语言特点就足以了解该民族的价值观、是非观等文化本质。所以语言、文化与交流三者是相互依存且密不可分的。文化造就语言，语言是交流的媒介，交流又是文化传播的具体表现。在跨文化交流的过程中，若要避免文化差异造成的误解，就要注意不同语言的运用。之所以现实生活中不乏失败的跨文化交流存在，是因为大部分人认为，只要掌握了别国语言就可以与该国人正常交流，根本无须关注文化差异。实际上忽略文化差异才是误解的源头。在跨文化交流过程中，语言的运用会受到语境、地点、历史背景等因素的限制，若要做到信息的准确传达就必须考虑文化差异。

三、语言的运用与跨文化交流的关系

交流意味着信息的相互传递。传递信息的媒介就是语言，人们通过语言来传递想要对方理解的信息。作为文化交流重要载体的语言是保证跨文化交流顺利进行的基本条件，语言的运用是决定跨文化交流成败与否的关键。人们以语言的运用情况为基础进行跨文化交流，以达到使信息更容易被接收方理解的目的。换言之，语言运用是跨文化交流中最重要的部分，它受文化差异影响的同时也反作用于跨文化交流。不同文化之间的异同点对语言运用的影响也是不同的，因为文化和语言都是经过历史漫长的淬炼和选择逐渐形成的，当然它们也随着民族、社会的发展而演变。以中英两种语言为例：受儒家思想影响，中式文化偏含蓄、重谦恭，因此汉语有模糊、委婉等特点；而受自由主义的影响，降低了思维的局限性，导致西方文化具有开放、直爽等特性，相对汉语来讲，其语言也更加豪迈不羁、开门见山。由此可见，生活在不同文化背景下的人们思维方式不同，也间接地影响了他们对语言的运用。

四、案例分析

（一）习俗

语言的运用受说话人所处的文化背景影响，所以即便同样的语言传递给生长于不同文化习俗下的人，其信息也是千差万别的。即“跨文化交流过程中同样的语言在不同语境下表达的含义是不同的。”如汉语中说“龙凤呈祥”代表着吉祥与尊贵，但在西方则不同。由于西方文化起源于古希腊、古罗马，在该文化中龙代表着邪恶，如“a dragon woman”指泼妇。又如“XXX 像狗一样”“狗东西”“狼心狗肺”，汉语中这样的句子是带有极大侮辱性的，只有形容人品质低劣、道德败坏或生活凄惨时才会使用，但类似的句子在西方则代表着被描述人像狗一样忠诚、机警、敏锐。因为在西方，人们喜欢狗且对狗疼爱有加，所以除小部分舶来语中“狗”有贬义外，通常在西方文化中有关狗的词汇都趋近于褒义，如“work like a dog”努力工作、“a lucky dog”幸运的人及“love me，love my dog”爱屋及乌等。在美国，即便是总统入主白宫也要养一条狗，如若不然则会被认为没有爱心，从而对其支持率造成影响。在英国，遛狗更是显示人们绅士风度的标志。这种思维差异导致语言运用的不同是文化形成过程中约定俗成的习惯差异所引发的，具有不可逆性。

（二）沉默

沉默是无声的语言，具体表现为以无声的方式传递说话人的意见。东方文化讲究“沉默是金”“三缄其口”。中国人认为懂得适时地沉默是难能可贵的品质，也是一个人有头脑、有内涵且精于分析的外在体现。若沟通过程当中某人发言过于频繁就会被看作是轻浮、头脑简单的表现。对于这一点，西方人的看法却是截然相反的。虽然通常情况下当西方人对某一问题的看法达成一致时，他们就会保持沉默。但实际上在西方人看来，沉默是一种对无力改变现状的无可奈何。所以，在西方，沉默的深层含义实际上代表着不礼貌。在跨文化交流过程当中，沉默层面的文化差异对沟通双方运用这种无声语言的时间与情景进行了限定，若运用不当则会造成跨文化交流的失败。

（三）称谓语

各种语言都有其独特的称谓语系统，其差异同样源于不同的文化背景。西方国家对长辈直呼其名，对于西方人来讲这是自由平等的象征。但在东方人看来，这却是一种伦常乖舛、缺乏教养的表现。这种明显的语言差异在跨文化交流过程当中极易造成误解、甚至冲突，其起因仍是文化的差异。东方文化重伦常、讲辈分。对于长者会尊称其为“老”。如王老、老爷等。因为在东方文化中“老”代表着见闻广泛、学识渊博，但西方文化中对于“老”却有着截然不同的理解。在西方，除正式场合会有特定的称谓如爷爷、奶奶、叔叔、阿姨外，其余的沟通过程中无论何种关系均直呼其名。西方人认为这是关系融洽的体现。若在跨文化交流过程当中，来自东方文化背景下的人称西方长者为“Old XX”，那么极易造成文化误解，西方人会认为自己受到了嘲讽，因为在他们的文化中“老”意味着虚弱和无能。此外，中式文化中不分性别都可以称他人为同志、师傅，而西方文化中通常用“Mr”“Mrs”“Sir”等词表示尊称。随着社会的发展、跨文化交流活动的增多，“先生”“女士”“小姐”这样的通用型称谓语在中国也逐渐被人们所接受，这也从侧面反映了跨文化交流对于语言运用的影响。

（四）告辞用语

文化差异导致跨文化交流过程中对于告辞用语的运用也发生了改变，为保证交流的顺利进行需作出相应调整。以东方人在西方请求帮助为例，如请求他人帮忙为自己解决问题后，受中式思维影响，一般情况下东方人会说：“不好意思，这事耽误了您这么长时间。”或“不好意思，浪费您时间了。”在中国、日本这样的国家这是很常见的，但是这种语言一旦运用于跨文化交流中，由于文化的差异所传达的信息就是截然相反的。同样的语境下西方人会十分不解，认为自己的付出没有被对方所欣赏。他们会疑惑：为什么对方将自己提供的帮助看作是无用的、浪费时间的事？是否是因为自己提供的帮助没有使对方满意所以才被说成是浪费时间？实际上，西方人在告辞时习惯上会先表达感激，如“感谢您的帮助”“谢谢您的款待”然后才道别，通常情况下还要找个借口以示自己不得不离开。在类似的中西方跨文化交流过程当中可以采用这种方式来表达，如，“Thanks for occupying you so much precious time.I’m afraid I must go now or I will miss the bus.”如此一来就在两种语言习惯间找到了平衡点，使跨文化交流的双方在语言使用方面跨越了文化差异的障碍从而使沟通顺利进行。

（五）礼貌用语

实际上“谢谢”一词属于世界通用的表达感激的语言，但东方人仅在表达感激时运用该语言。实际上，在西方该语言除表达感激外，其他场合同样适用，这就是文化差异导致语言的运用出现了不同从而影响了跨文化交流。如受到他人赞赏时，在中国由于人们受儒家的“谦恭”思想所影响，通常情况下会第一时间反驳以示谦卑，否则便会被认为是骄傲自大的表现。如 A：“你乒乓球打得真好！”B：“不行不行，打得一般，距离你还差得远。”A：

“你每天都练球。真努力！”B：“没有没有，都不怎么玩。”而这种回答方式倘若被用在西方国家，那就会引起他人的反感。一方面西方人认为这样的回复带有欺骗性且十分虚伪，另一方面说话人会认为回话人毫无自信可言且质疑自己的欣赏水平，从而中断交流。

语言是文化的载体，文化是语言的根本。语言反映了其使用者的文化归属并揭示了其文化内涵。在跨文化交流过程当中，语言运用出现的改变是由文化差异导致的。通过本节中几方面例证表明，若要避免这种文化冲突给跨文化交流带来的影响，就需要在目标语中考虑文化的差异，从而正确地运用语言以使跨文化交际顺利进行。

第五节 跨文化交流与国际贸易

“一带一路”经济带建设缓解了贸易保护主义对贸易全球化的阻碍，既将中国推向了国际舞台中心，又为国际贸易合作创造了更多的机会。研究“一带一路”背景下跨文化交流，对于中国国际贸易的长远发展具有重要的现实意义，现通过梳理“一带一路”及“跨文化交流”的基本理论，具体分析了跨文化交流对中国对外货物贸易、对外服务贸易以及对外文化贸易的影响，并提出提升跨文化交流在国际贸易中的商业应用度；提升中国文化的话语权；构建文化交流的共享格局；提升对共性文化的认同度等加强跨文化交流的存放路径。

一、选题背景

（一）基本概念

“一带一路”是指“丝绸之路经济带”和“21 世纪海上丝绸之路”。“一带一路”的建设是推动构建人类命运共同体的重要实践平台，为世界提供了一项充满东方智慧的共同繁荣发展的方案。“一带一路”倡议，为改善全球治理和构建人类命运共同体贡献了中国智慧和中国方案。“一带一路”以“五通”为抓手，民心相通是“五通”的重要一环，是“一带一路”的社会根基和价值指向。从文化价值指向看，“一带一路”旨在为人类文明互鉴的历史传承与现实延续而增进沿线各国文化交融和价值认同。因此，共建“一带一路”，应充分发挥文化的基础性、先导性和广泛性作用，形成“一带一路”朋友圈。

（二）“一带一路”倡议与跨文化交流的关系

首先，“一带一路”本身具有文化内涵。不仅是经济事件，而且是文化事件，是最大的跨文化交流工程。“一带一路”蕴含着中国智慧，包括中国理念、中国哲学、中国伦理、中国战法、中国经验、中国路径和中国方案。毫无疑问，“一带一路”的文化内涵扎根于中国大地、传承自中国历史，具有浓厚的文化意蕴。其次，跨文化交流是“一带一路”的重要抓手。文化是“一带一路”的动源与引擎，起着核心支点作用。“一带一路”以“五通”为抓手，民心相通是重要一环，而文化交流是民心相通最有效地、最受欢迎的桥梁和纽带。

沿线国家的互联互通，不仅是基础设施、贸易往来等传统合作领域的联通，还包括沿线各国人民的文化交往。跨文化交流与经济发展相互促进。“一带一路”与跨文化交流相辅相成，“一带一路”在促进国家间文化交往的同时，跨文化交流也助力“一带一路”各方面建设的全面推进。最后，“一带一路”促进文化的交流与融合。“一带一路”的文化内涵古已有之，延续至今。古丝绸之路将中国与世界、历史与现在联系在一起，减少不同文明之间的冲突。“一带一路”将传承古丝绸之路奠定的友好交流的传统，并赋予其新的时代内涵。

（三）跨文化交流中存在的障碍

各国家和地区在认识上存在一定的局限性，对文化交流态度保守。在“一带一路”背景下的跨文化交流中，中方表现更为主动，也存在部分国家积极性不高，主动性不强。一些国家和地区的人们常常用自身文化思维模式去看待其他文化，审视其文化内涵。丝绸之路经济带在贸易、地理、语言与文化方面，都存在一定的共性，但这并不能说明可按照各自的价值观、信仰以及风俗等文化去对其他的文化圈提出要求，这种心理会使跨文化交流产生一定的隔阂，使相互之间表达的含义双方都无法理解。丝绸之路沿线国家和地区的文化圈，既有彼此交融的部分，又保持着相对的独立。

和不同领域的交流与合作不完善。在“一带一路”倡议下的跨文化交流中，国家高度重视文化与不同领域的融合发展，并取得了显著的成绩。但是，在很多领域的融合发展还处于初期阶段，尚留有较大空间，有待进一步完善和加强。总的来说，教育、科技、旅游、卫生等领域的合作面临着诸多困难，给跨文化交流带来更多挑战。

“走出去”发展与管理机制不健全。相比于西方而言，中国文化“走出去”起步较晚，还没有根据“一带一路”跨文化交流的特点与需求，建立健全中国文化“走出去”发展与管理机制。就机制建设而言，当前在高层磋商、文化共享、文化传播、人才保障、冲突协调等方面还有很多地方需要进一步完善。

二、跨文化交流对中国国际贸易的影响

（一）对中国对外货物贸易的影响

货物贸易通常也被称作为有形贸易，在这种贸易类型下，进行交换的商品都是有实物形态的。中国顺应世界经济发展的趋势和中国对外贸易结构转型的需要，符合时宜地提出“一带一路”发展倡议，从地域上看，有助于进一步强化对欧洲的对外经贸关系，加强亚洲内部各国的对外贸易，开拓非洲对外贸易市场，除了能拓宽中国的出口地域范围外，从国内发展的角度，“一带一路”还能促进中国各地区之间的均衡发展，有利于中国东中西各区域之间的贸易往来，实现区域发展的平衡，也有利于加强中国同沿线国家之间的贸易往来，扩大中国产品的出口范围，调节中国出口商品的结构，改变中国对外贸易发展的政策取向以及对外贸易竞争格局。除此之外，“一带一路”倡议的提出，突破某些西方国家对中国的贸易限制政策。比如，“一带一路”的建设，能实现区域经济发展的共赢，降低

各成员国之间的贸易成本，而且也减少了与美国等发达国家的贸易摩擦。更重要的是，中国可以自行选择的贸易伙伴更多，合作的方式也更加多元化，中国自主研发生产的产品能够凭借优惠的价格和较高的质量销往世界各地，尤其是广大急需加快基础设施建设的亚洲和非洲等发展中国家和地区，如中国的核电技术和高铁技术在世界都处于领先地位。通过这些贸易，中国在世界舞台上的话语权不断地得到强化，在对外贸易中，中国能够自主选择的竞争空间也不断地加大。

（二）对中国对外服务贸易的影响

对外服务贸易指的是一国的法人或自然人在其境内或进入他国境内向外国的法人或自然人提供服务的贸易行为，既包括有形的服务活动，如旅游服务、运输服务等，也包括服务提供方与接收方之间没有直接接触的无形的交易活动，如通信服务、金融服务等。“一带一路”战略方针，是向沿线国家、周边国家以及全世界释放了一个积极信号，即中国愿意以开放的姿态和世界进行贸易。在“一带一路”背景下，中国与沿线国家的跨文化交流不断地深入，投资及合作水平稳步提高，为中国对外服务贸易的发展提供了广阔的发展空间。众所周知，中国在货物贸易方面，是世界上当之无愧的第一大国，但是对外服务贸易方面起步比较晚，发展相对落后一些，在“一带一路”背景下，在政府的大力支持以及政策的积极引导下，深入而广泛的跨文化交流为对外服务贸易的发展注入了活力、提供了动力。与此同时，在产业结构和贸易结构不断地调整的过程中，服务贸易在国际贸易转型中发挥的作用越来越大，中国的对外服务贸易迎来了新的春天，尤其是在服务的规模和服务的能力等方面更是呈现出了健康、积极、良好的发展态势。

（三）对中国对外文化贸易的影响

文化贸易是指世界上不同国家或者地区之间所进行的以货币为媒介的文化交换活动，包括譬如音像制品或各种出版物等有形的商品，同时也包括版权或者关税等无形的商品。在中国“一带一路”建设背景下，中国对外文化贸易格局发生了一些新的变化，随着中国“一带一路”建设的不断地推进，中国西部地区在基础设施建设、信息服务建设、人才吸引政策等方面会迎来较大的发展，这一系列的发展变化为更好地开展对外文化贸易创造了有利的外部条件，中国西部地区的对外文化贸易因此出现了较大幅度的增长态势，与此同时，中国对外文化贸易的重点也逐渐转移到提升中国的文化影响力上，因此，在中国的对外文化贸易中，核心文化产品出口所占的比重在逐年稳步上升。面对这些新的变化，中国对外文化贸易也在主动适应地新的政策和形势，不断地优化结构，调整战略布局，树立全新的对外文化贸易观念，强调中国智慧，全力打造具有中国特色的文化标签。

三、加强跨文化交流的有效地路径

（一）提升跨文化交流在国际贸易中的商业应用度

随着国际全球一体化的快速发展，各个国家之间的交流越来越频繁，国际贸易往来日益增加，与国际贸易相关的各企业都面临着全新的发展契机，这是国际经济贸易趋势下面临的新机遇和新挑战。企业的管理人员应在国际经济贸易活动过程中，发挥自身重要的管理和决策作用，重视跨文化交流的重要性宣传，将跨文化交流的思想观念普及到广大的员工群体，更好地实现跨文化管理。对跨文化交流的专业人才加强培养力度，根据自身的实际业务范围，培养出优质的语言交流人才，强化企业内部的跨文化交流宣传力度，引导员工积极主动地了解和探索跨文化交流的内涵，为开展国际经济贸易文化交流和活动做好准备工作，促进跨国企业综合竞争力的提升。

（二）提升中国文化的话语权

十八大以来，习近平总书记多次强调要加强国际传播能力，提高国际话语权。首先，要强调话语内容。“内容”是跨文化交流的核心，跨文化交流中的中国话语内容尽量淡化政治色彩，不断地挖掘沿线国家可参照、听得懂、感兴趣的内容，同时要展现中国本土化特色，挖掘自身文化资源，尤其是注重以中国优秀传统文化去完善话语内容，使中国文化话语内容能够体现中国风格、中国特色、中国气派。其次，要确立话语主体，话语主体是话语权中最活跃的要素。“一带一路”倡议下的跨文化交流不是停留在官方层面的交流，而是由官方到民间，因此，需要活跃民间主体，包括民间组织、机构和个人，也要活跃企业等其他主体，使各主体各显其能，实现联动。再次，丰富话语载体，话语权通过媒介的文化传播来实现，丰富话语载体也就是丰富了文化传播媒介，应该引进网络、新媒体、智能技术等新兴传播媒介。最后，维护话语环境。和谐、稳定、安全、畅通的话语环境是提高国际话语权的基础和前提。

（三）构建文化交流的共享格局

共建“一带一路”的重要使命不是大国崛起，而是文明的共同复兴，打造文化交融的共同体。通过增进沿线国家的共同体身份认同，使沿线国家成为你中有我、我中有你的有机整体，从而促进文化的交流与融合。文化发展要博采众长、兼收并蓄。一个国家、一个民族要想发展文化，不能抱残守缺、故步自封，而应该充分吸收和借鉴外来优秀文化，择善而从、为己所用。中国在“一带一路”倡议下的跨文化交流中，应该充分发挥文化的“公共财产”属性，与沿线国家形成文化共享的开放体系。沿线国家呈现出不同于别的国家和民族的文化结构与文化心理，彰显当地文化最基本的特质。独特的文化成了一个国家和民族的显著标签，这是最珍贵的精神财富，是国家发展、民族壮大的智慧源泉，也是最吸引人的魅力所在。在尊重异质文化的基础上，更要注重通过搭建文化交流平台、完善文化交流机制等方式帮助沿线国家民众加深对彼此文化的理解和欣赏。

（四）提升对共性文化的认同度

“一带一路”倡议下的跨文化交流，在加强相互了解、交流与合作的基础上，更应该挖掘沿线国家在历史、文化上的共通性，提升对共性文化的认同。在跨文化交流的过程中，为充分体现交流效果，要尽量避免交流过程中出现不和谐的影响因素，这些影响因素有时会对文化信息的交流造成严重阻碍，使交流达不到预期效果。实际上，在“一带一路”文化圈的跨文化交流当中，交流要尽量规避因不同价值观和不同文化氛围而导致的文化冲突。交流的本质在于信息的流转，只有交流路径与方式得到认同，其交流行为才能长久持续地发展下去。

第二章 跨文化交际与英语教学的融合

第一节 跨文化交际与英语教学

我们所生活的这个时代，是一个文明的、进步的、与国际接轨的新时代。在教育上，我们改变以往的传统的旧观念，视野应更为开阔，放得更远。改革开放以后，我们国家发生了翻天覆地的变化，有好多国内的东西到了国外，同时，也引来了很多新的事物，这样，我们就要加强自身的文化知识学习，跟着我们时代的脚步一起前进。英语是西方的文化，和我们五千年的历史文化有很大不同，有自己的语言习惯，在很多事物的表达方式上也具有自己的特点。在英语中，同一个语言可以表达很多个意思，用我们自己的思维习惯来解说英语会出现差异。

一、了解西方文化能更好地学好英语

（一）要学好一种语言，就要了解它的文化

用我们有限的知识学习一门陌生的语言是很费力气的，要想学好它就要去了解它，常言道“知己知彼，方能百战百胜”学习和打仗是一样的，只有用好了方法，了解对方，才能打胜仗。那么，在英语学习中，我们怎样才能打胜仗呢？那就是了解它的语言文化，历史文化，语言习惯，等等，有了一定的了解，那么我们学习起来就不再像没头苍蝇一样乱撞了。学习文化是为学好与语言打基础的，了解了西方文化，就了解了他们的生活习惯，语言是为生活服务的，那再学起来就不会那么难了。

很多学生都说，我们用以前的老办法死记硬背，但还是容易忘，平时读得多，听力训练也不少，但却总也学不好，这是为什么呢？那么，在我们国家，很小的孩子就会说话，不用教，不用学，这又是为什么呢？这就是环境文化的影响。了解了一个民族的文化，对它就不再那么陌生了，跟它有关的东西自然就越来越学得顺手了。想要学好英语，就要理解他要表达的意思，只有你熟悉了它，才能在任何时候都认识它。不同的单词在不同的句子中有不同的意思。同一单词在不同场合也有它不同的用法，这与我们的母语是有很大不同的。在听力训练中，我们要听懂他所表示的意思，才能更好地记忆下来，任何新事物的学习都有这样和那样的问题，但是，只要我们掌握了学习要领，了解了它基础文化的表达

习惯，那么再学起来，就不难了。

（二）符合时代发展的要求

英语已经成为世界上通用的语言，随着社会的不断地发展，人与人之间，国与国之间的交流越来越密切，各个国家文化，科技交流越来越广泛，英语就成了国与国之间交流不可缺少的交流工具。所以，我们学习好英语是非常重要的。在这里跟大家分享一个小故事，说是有一天，鸡妈妈带着鸡宝宝出去散步，小鸡们正玩得高兴，忽然从树后面跳出来一只猫，小鸡们害怕极了，四散逃走，鸡妈妈急中生智学了几声狗叫，把凶狠的猫吓跑了，小鸡们得救了。鸡妈妈对小鸡们说："孩子们，你们看，学好一门外语是多么重要啊！"这是大家都耳熟能详的故事，但却是有一定道理的。

现如今的时代是科学发展的时代，掌握了人才，就相当于掌握了科技。那么英语作为国际上通用的语言，我们对英语的学习也就变得刻不容缓了，现在我们的学校都开设了英语课堂，硬件措施已经很到位，只有学习英语有关的文化，才能进一步地学好英语，达到跨文化教学的目的。

二、培养学生跨文化的学习习惯

（1）从日常习惯用语入手学习英语。日常习惯用语体现了一个民族文化的基础，可以更好地了解文化底蕴，给我们的学习带来帮助。这些都能体现出人们的生活习惯，学习，爱好，风俗习惯等基本知识。以这些语言与我们的语言向比较，找出不同点，可以加强记忆和理解。例如：Where are you？用我们的语言来说是"你在哪儿"，而英语中的你，就是 you 在句子的末尾，而哪儿 where 被放在了句子的开头，而且句子开头是要大写的。所以在英语中的语法排列和我们的语言是不同的。在比如：Do you want some noodles？在这个一般疑问句中，noodles 这一单词是复数，因为面条不是单一的，是很多根。Good luck！（祝你好运)good 是好的意思，luck 是运气，china 中国，chinese 中国的，是不是和我们的语言表示有很大不同？ straight 直的，直线的，go straight on 直着走，kid 小孩，children 孩子们，同样的意思在英语中有不同的表示方法。在比如：tomato 番茄，西红柿。Potato 马铃薯，土豆。Help 帮助，helping 正在帮忙。如：sping 春天，the Sping Fetival 春节。对比学习，和同一类型归类学习，也可以培养学生对英语的学习兴趣，培养学生的积极性。在口语练习中，要求发音标准，语速不急不缓，并且带有感情的练习。英语的知识点很多，在学习中，要做好笔记，分成几个大纲，把重点难点做好记录，重点复习，单词是英语句子的组成单位，学生掌握的英语单词越多，就为后面的英语句型练习打好了良好的基础。

（2）在英语句子中，主谓宾的语法顺序在和汉语中的排列是不同的，每一种语言的学习都是有困难的，对英语语法的学习要多分析其特点，不能把汉语语法套用其中，这也是很多英语初学者容易犯的错误，只有读得多，听得多，理解了它的意思，才能够找到英语学习的窍门。在以上提到，在英语中时分为单数和复数的，在汉语中，面条，一根面条，都一样，但在英语中，一根面条是单数表示的单词，一碗面条就是用复数表示的单词形式来表示。在汉语中，只要分清一、二、三、四声调，就能读清楚课文，而英语中最基础的是音标的熟练。英语中还分为很多不同的时态来表示事物的发展，如现在时、过去时、将来时、过去将来时。像学好英语，就要一步一个脚印，踏踏实实地学习，在学习的道路上，只有认真，努力，勤奋，再加上用对方法，才能得到收获，三天打鱼，两天晒网的做法是不可取得，因此，不论学习什么都要持之以恒，不能半途而废。另外，在学习新的东西时，也不能忘记复习以前学过的，要不然，这样丢三落四，永远也学不好。在课余时间，要多读一些英语方面学习的书籍，找到适合自己的方法，记录下来，和学生多加交流，互相交换经验，以提高学习英语的水平。要想学好英语，就要制定一个明确的学习目标来激励和促进学习，达到每一天都要有一点进步，学习知识是需要慢慢积累的，从来没有任何捷径。

三、以文化为基础的英语教学

（1）用汉语解释英语单词，以方便记忆。初学者对英语是陌生的，为方便学生记忆，常常采用入门时，用汉字注解单词意思，方便学习；另一方面也起到了便于学生理解，加强了汉语与英语的互相促进学习。

（2）用汉语引导英语的学习，任何文化之间虽有不同，但还是有内在的联系的，用汉语的方式能更清晰地讲解有关英语的知识点，把有趣的内容加入到英语学习中，使学生对英语学习更加有兴趣。任何知识点都是可以互通的，它们之间既有不同，又有联系，还可以相互影响。教学中可以利用这一特点，使学生在两种文化的学习中，共同促进，共同学习。

（3）在日常生活中，多听、多写、用英语对话、多读一些英语类的书籍，扩大视野，也可以在周末或假期看一些英语有关的电影，从多方面多渠道学习英语，在课后作业中布置英语有关写作的短文，常和同学之间用学到的英语知识讲述有趣的事情，这就是英语学习在实践中的具体表现。在学生之间对话时，也可以采用英语对话的形式，锻炼英语口语的发音、语速、灵活性和现场反应能力。

（4）对比性的学习英语。只要有了对比，就有了竞争意识。在英语学习中也是一样的。就上面所讲的，英语和汉语在语法上，单复数的表示上，时态上都有不同，汉语可以学得很好，那么也促进了英语的学习劲头。有了对比，就找到了学习时的不同点和要特别注意的地方，才能改进学习方法。平时，可以选一段话，用英语的形式把他表现出来，锻炼英语的实际应用水平，提高英语写作能力。

（5）以学英语为目的的汉语语言讲座或教材。在英语学习中，有它独有的特点，为了方便学习，可以把这些难点，重点，以汉语的形式，编辑成册，以方便学生的学习和知识的巩固。

四、把英语的跨文化学习带到实践中

（1）我们平时比较多采用的就是，有关英语学习的本国电影放映给学生看，加深学生的对所学有关英语的历史发展，生活习俗等的了解。在比如，组织听一些有关英语的讲座，加强英语知识的学习。在看电影时，要注意英语单词的发音，语法的运用，有时，基础打得很好，但发音不标准，掌握不好语速，也是不行的，所以，在电影中，人物对话时，要特别认真的注意这一点。

（2）运用所学知识，在教师的组织下，对有关英语国家的历史事件提出自己的看法，再与正确意见进行对比，在学生之间展开讨论，这是在实际实践中，对跨文化交际在英语中的学习。这样，可以让学生更深入地了解西方文化，对学习英语课产生更大的兴趣。

（3）组织模拟西方文化训练。在活动中，由组织者安排学生有本地文化到他国文化在人物身上所表现出来的性格，爱好，思维方式等表演，从活动中，感受不同文化形势下人物的特点，进而更好地增加对跨文化的学习和不同文化的比较。

（4）在行为上实施跨文化练习，提高个体素质。在了解了不同文化后，学生中可以学习其跨国文化中的优点，联系自身的文化修养，分析其利弊，好的方面加以学习，从而提高自身的文化素养。这在跨文化学习中，也是一大进步。

（5）让学生亲身体验跨文化的好处。组织者，可以自行制造一个类似跨文化的环境，在这个环境中可以出现一些小难题，让参与者去用跨文化的知识在练习中完成任务，组织者可以适当地提出建议和帮助。

（6）在有条件的情况下，进行实际的跨文化交流。这一点要联系实际出发，在条件允许时进行跨文化的实质性交流。

跨文化交际是时代发展的结果，在英语教学中实施这一文化上的学习，只是跨文化交际的其中的一种表现，它会越来越多地应用到其他领域当中。在英语教学中提倡跨文化学习可以让学生更多地了解英语国家的人文历史，生活习俗，通过分析展开讨论，提高学生对异国文化的学习和他们的文化素质。

在我们这个大“地球村”生活着形形色色的不同文化的种族，要发展，要交流，就要提高我们的文化交际能力，只有不断地学习新的知识，才能提高交际能力。要想不落后，就要不断地学习，所谓“技多不压身”，我们的社会需要全能型的人才，才能跟上时代的脚步。

第二节　跨文化交际能力与英语教学的融合

当前世界经济已经进入到全球化的发展时期，与此同时，中国提出了“一带一路”的发展倡议。大学生的英语语言运用能力以及跨文化交际能力，对我国的经济发展，国际的文化传播和交流将会起到非常重要的作用。在这种社会发展背景下，教师通过不断地提升教学和研究水平，选用中外文化对比的教材，灵活运用多种教学方法，积极建设跨文化交际资源库和培养学生的实践能力，能够更好地培养和提高大学生跨文化交际能力，让学生为国家之间的文化传播、经济发展作出自己的贡献。

一、跨文化交际能力培养中存在的问题

（一）缺乏对跨文化交际能力的重视

目前中学教育和高等教育都忽视了跨文化交际能力的培养。孟丽君指出，“学生对跨文化交际能力的主观意识薄弱，教师对学生跨文化交际能力培养不够重视。”在这样的教育环境下，学生的跨文化交际知识十分贫乏，交际能力不符合社会发展的需求。

（二）跨文化交际能力的培养面临挑战

首先，大学英语课程不注重跨文化交际能力的培养。听说和读写能力的提高是大学英语课程的主要目标。绝大多数高校的大学英语课程一般设置为听说和读写两种类型。这种设置侧重英语语言技能的培养，却忽略了跨文化交际知识的教学，不利于交际能力的培养。

其次，传统的教材主要是注重对学生听、说、读、写、翻译能力的培养，缺乏跨文化交际的内容。教材通常包含篇章内容的学习，词汇语法的掌握、句子结构的解析，等等，对跨文化交际的知识涉及很少。

（三）教师自身跨文化交际能力存在局限

徐雅楠指出“许多教师自身就没有跨文化意识，更别说培养学生的跨文化意识。”一方面，英语教师在专业学习过程中，获取跨文化交际的知识和能力十分有限。另一方面，大部分教师缺乏在国外生活的经历，真正进行跨文化交际的机会却非常少。

（四）缺乏跨文化交际知识的资源库

目前常见的学习模式是课堂和网络学习相结合。虽然课堂上有教师进行跨文化知识的教学，但在网络上却没有丰富的学习资源进行自主学习。网上的学习资源也可能不适合本校学生的学习需求。

（五）缺乏跨文化交际的真实环境

绝大多数学生只和身边的同学、老师交流，没有留学生或者外教进行交际，更别说体验职场交际的机会。武真真提出“学校应该尽可能地为学生创造使用外语来解决职业问题的环境”。

二、培养和提高学生跨文化交际能力的途径

（一）课程设置增加跨文化交际的教学内容

根据不同的学习需求，跨文化交际的教学任务可以分解在必修课程、后续课程和选修课程当中。首先，在必修课程中让学生了解主要西方国家的政治历史、生活礼仪，掌握基本的社交礼仪和规范。其次，对于跨文化交际能力要求很高的学生，可以用一到两个学期的后续课程，向学生充分地介绍跨文化交际的知识，培养交际的能力。最后，对于跨文化交际能力要求不高又感兴趣的学生，可以通过选修课了解异域国家的概况。

（二）改变传统教学方法，运用多种教学手段

首先，使用案例分析法凸显文化之间的不同。比如如下案例：一个年轻的中国女子在美国被一个美国女子恭维她的裙子。美国女子说："它真的很精致。颜色也十分漂亮"。中国女子十分高兴但是略显得尴尬，她用典型的中国方式回答："这只是一条普通的裙子。我在中国买的。"美国女子听后显得有些不高兴。通过这个案例，教师能够清晰地向学生讲述，美国人喜欢接受别人的称赞，而中国人对于别人的表扬要体现谦虚。其次，中国女子这样回答会让美国女子觉得自己对裙子的审美存在问题，让人产生不悦。案例分析法能够让学生对案例进行思考，也能够让学生懂得在特定情景下如何进行正确的跨文化交际。

其次，在教学中设定交际的情景。苏梅涓认为"教师需要为学生设定特定情境，让学生全身心投入到情境下展开英语对话训练，并根据语用和情境来作出反应，从而实现对学生跨文化交际能力与英语口语表达能力的训练目的和效果。"比如这样一个情景，让一个学生扮演美国的主人，另外一组男生和女生扮演客人。扮演主人的学生在表演过程中会运用到邀请客人、招待客人、送别客人的交际语言和能力。扮演客人的学生会使用到确定出席、感谢招待和辞别的交际语言和能力。情景教学法能够把每一个教学任务放在一个具体的环境当中，让学生在贴近真实情景的语言环境中交际，从而获得较好的学习效果。

最后，将跨文化知识渗透在教学过程中。王延雪指出"在传统的英语框架结构学习中体现跨文化交际意识培养。"在课堂教学中，教师要把跨文化交际知识融入听说和读写的教学中。口语和听力的训练内容可以涉及国外的文化。比如谈到节日的时候，就可以让学生分析中国的春节和美国的感恩节有什么共同之处和不同之处。在读写课程中，文章背景知识的介绍，也可以选取相关的跨文化交际知识。

（三）教师教学和研究能力的提升

首先，教师对跨文化交际课程进行充分的学习。一方面，教师可以在其他高校进行相关课程的进修，比如《跨文化交际实用教程》《英语国家概况》《走进美国文化》等。如果本校有开设英语专业，也可以参与课程的旁听，完成这些课程的学习。

其次，教师成立跨文化交际研究团队。跨文化交际包含多个方面的内容，教师可以通

过集体的努力，着重对职场交际、日常生活交际开展研究。教师在跨文化交际的研究过程中，通过彼此之间的学习和交流，能够提升自身的研究能力和水平，为课堂教学和学生跨文化交际能力的培养提供有力的支持。

（四）跨文化交际资源的建设

首先，选用适合培养学生跨文化交际能力的教材。刘余梅指出“将中西方文化进行对比、开展相互学习，构建双向性的跨文化交流课程。”教材内容应该包括中国和主流英语国家的地理历史、政治经济、社会文化的介绍。一方面，教师要让学生充分懂得中国的历史和文化，培养学生的归属感；另一方面，教师还应该向学生指出不同国家在某个文化上的不同，并让学生去思考和了解原因，从而避免在交际中产生误解。

其次，组建微视频团队，共同制作跨文化交际的微视频，并上传到学校网站或者学习平台当中。视频内容可以是课本教学内容的扩展和补充，也可以是独立的学习资源。比如，中西方招待客人吃饭的方式就可以做成一个微视频，学生通过视频可以发现中国主人往往会为客人准备大量丰盛的美食来体现自己的热情好客。而美国主人则会按照客人的数量准备好食物，不会有多余的食物，而且食物品种也不会很多。短视频具有时间短，信息量大，能够满足学生碎片化的学习需求。

最后，利用移动端推送学习资源。教师们组建微信团队，收集与跨文化交际相关的内容，通过公众号向学生推送学习资源。手机端的学习不受地域和时间的限制，同时文本、图片、视频、音频等多种内容形式能够激发学生的学习兴趣，也给学生提供了学习的便利。

（五）学生实践和研究能力的培养

首先，为学生模拟真实的跨文化交际场景。让学生在贴近真实的交际场景进行实践，能够让学生亲身体会交际方式的差异性。比如在面试的场景中，受到中国文化的影响，中国人不会夸耀自己的能力，甚至还会表现出谦虚。而美国人在参加面试时会强调自己的能力和才华，因为这样才会被招聘公司录用。如果他表现谦虚反而会让公司觉得这个人没有实力胜任岗位。

其次，培养学生对跨文化交际的研究能力。跨文化交际当中有很多有趣的内容，比如颜色在不同文化中就代表不同的含义。比如红色，在中国文化中代表节日的喜庆，具有红红火火的寓意；在西方文化当中，红色代表着血腥，会让人产生害怕和恐惧的情绪。教师通过布置写小论文的任务，让学生研究在跨文化交际中感兴趣的内容。学生通过查找、阅读文献可以获取许多相关知识。通过整理、归纳和总结，学生不仅能够完成一篇小论文，还加强了对跨文化交际的认知，增强了自身研究的能力。

跨文化交际能力需要师生的共同努力才能提高。一方面，教师要积极探索新的教学方法，发掘新的教学资源，将跨文化交际的知识融入学生的专业知识当中；另一方面，学生要懂得跨文化交际的重要性，能够在将来的岗位中灵活地运用跨文化交际能力开展工作。在跨文化交际能力的培养过程中，学生的语言能力、文化知识和交际能力得到了融合。跨文化交际的教学让大学英语从一门语言课程，变成语言、交际能力和异域文化相结合的综合课程，让英语学习有了更大的收获。

第三节　跨文化交际教学中英语本土化的重构

一、跨文化交际教学中英语本土化的重构

在跨文化视角下，出现严重的英语本土化身份冲突的现象是很普遍的，该现象的发生非常不利于跨文化英语教学的顺利进行。本节主要分析文化冲突现象的具体体现及英语本土化身份的必要性，并提出了跨文化视角下重构英语本土化身份的具体策略，从而高校英语教学达到令人满意的教学效果。

随着我国对外开放程度的逐渐深入，西方社会越来越多的人和事物已走进了我们的视野，从而给我们提供了接触西方的机会。我们可以更多地理解西方社会，这对我们来说是件好事，但也并不简单。在跨文化交际中，我们要面临着很多来自陌生文化和国度的思维方式、生活方式等，正是因为这些与我们迥然不同的人的存在，才促使交往的过程中出现本土化身份颠覆的现象。针对这一现象，就需要交际者对跨文化交际有清醒的认识，既要对本民族的语言交际规范准确掌握，同时也要对交际另一方所属民族语言交际的文化习惯及其产生的社会文化背景有全面的了解，这样才能够顺利交流，才不会出现文化冲突。因此，高校英语教师在英语教学中要实现本土化身份的重构，目标是将学生培养成具有跨文化意识的高素质人才，可以以中国国民的身份恰当、流畅的使用英语，并进行国际的交流与合作。

（一）文化冲突现象的具体体现

时间观方面。时间观对西方人来说是与金钱观相联系的，他们非常珍惜时间，认为时间就是金钱，对时间都会作出精心的安排。在西方，如果要去拜访某人，必须要事先约定，双方商定后才会进行。而中国人在时间观念上显得更加随意，我们不会像西方人那样对时间进行严格的计划，所以西方人对中国人这种时间观念是很难适应的。

隐私方面。中国人讲究集体、团队，提倡要互相帮助、团结友爱，愿意倾听他人的事，也愿意与他人分享自己的喜怒哀乐。中国人会询问对方的年龄、工资收入、婚姻状况等个人问题体现出对对方的关心。但是西方人认为被问到个人情况是触犯了个人的隐私，他们不喜欢自己的私事被问。

教育方面。中国人普遍对子女寄以很大的希望，认为子女是自己的私人财产，所以对孩子的每件事情都要进行干预，要求孩子按照自己的意愿来发展。长期在这种环境下成长，使得子女被教育的没有了独立精神和自由意识，只是依靠父母所给予的物质条件，经不起

挫折打击。而与我国相反，西方人对中国人的教育方式完全不解，他们认为孩子是独立的个体，从小就要培养他们有自己的思想。同时，西方人也不干涉子女的未来的发展。一般来说，欧美青年 18 岁后就靠自己独立完成学业，不再需要父母的资助。

（二）英语本土化身份的必要性

英语的中国化可以满足中国的国际交流及对外交往。英语作为一种交流工具，也是多元文化的载体，被不同国家、不同文化背景的人们所使用。目前，英语已经不再是英国人和美国人的专属语言，而是以各种不同形式被全世界所使用。换而言之，中国人学英语不仅是为了和英国人、美国人交流，也要和其他国家的人交流。基于这一情况，无论是使用美国英语还是使用英国英语都是不妥的，不但言谈举止受到怀疑，还会冒犯到别人。从当前情况看，美国英语和英国英语都已经不是霸权语言了，我们也可以自由地选择合适自己的表达方式。事实上，英语就是一种工具，用来向国际友人表达自己的观点，向国际推广自己国家文化的工具，对方往往所关注的并不是这样一种工具，而是我们的观点和所介绍的文化才是重点。作为国际通用语，英语使得理解性要求得到满足，同时也正是因为不同的使用方式，才使双方的各自身份得以保持。人们在国际交往过程中，利用英语来表达观点很重要，但是更重要的是你的国民身份，本土化的英语就是一个国家的标识。

中国化英语为我们所用，维护了民族的尊严。国际交往时借助英语不仅能保持我国的价值观及文化特征，更重要的是能够维护我们民族的独立和尊严。语言学家认为，语言并不单纯是一个工具，它是供人们交流使用的。同时，语言学家认为，语言也是一个载体，它所承载的是一个国家特有的文化特征、政治内涵和价值观。如果一个人对某种语言盲崇，那么在他的潜意识里就会潜移默化地受到这种语言所代表的价值观的影响，并最终认同这种价值观。但是我们不希望自己的学生在追求所谓的纯正英语的过程中改变了他们的价值观。

（三）跨文化视角下重构英语本土化身份的策略

增加中国化英语的表达，培养本土化英语表达意识。在高校英语教学中，教师向学生传达知识或进行交流时不应该过多地用美式或者英式英语，教师要尽可能地让学生感受到更多的本土化英语，尤其是中国化英语，这样有助于学生进行有效地国际交流。教师在课堂上可以多组织学生做听力练习，通过人物的对话让学生熟悉多种口音和多种不同的语言表达习惯等，感受他们的环境，了解他们的语音差别及习惯。除此之外，教师还要多鼓励学生进行口语表达，不用严格地要求学生使用英式英语或美式英语，也无须让学生刻意地去模仿英式或美式地道的表达。由于英语的全球化发展，就必然会形成本土化，学生所使用的英语就会带有本族语特点。教师要让学生尝试使用更多的英语变体，更好地表达具有中国特色的事物，从而增加文化积累，达到灵活使用中国化英语的目的，也提高了学生本土化英语表达意识。

教学方法。从英语教学方法来看，应该结合我国的特色文化，对中国大学生的特点进行深入剖析，同时要多设计几种方法来满足学生的实际需求。例如：对比教学法就是英语教师一个好的选择，在英语教学过程中将中国文化融入其中，并合理地配置教学内容，从中对比出中西方文化的差异。这样的教学方法还能培养出学生的跨文化意识，学生既深刻地了解了本国文化，也对他国文化有了了解。教师在授课时可以要求学生在不违反英语语法规则的前提下，用英语表达具有中国特色的事物。

教学目的。英语教学的目的不仅是要理解对方的话语和文化，最关键的是要用对方所能听懂的语言来了解对方所要表达的意思和文化。成功的跨文化交际是以跨文化经历中良好的感受和信仰以及人们所拥有的行为技巧为基础。跨文化交际不能只局限于对交流对象的理解，还有最为关键的是要实现与交际对象的文化共享，并实施文化影响。能用英语流畅交流的人也不一定就是成功的交际者，至少要实现跨文化交流才算是成功。例如：一些长居海外的华裔们都精通英汉两种语言，但是当他们回到国内就会发显得格格不入，其原因就在于他们对汉文化缺少一个了解，只是会语言技巧而已。从这一点看，高校英语教学就要摒弃“一路向西”的旧观念，多从本土角度出发，让学生学习到本土化的英语。

教材内容。教材是学生获取知识的主要渠道，从英语教材来看，内容上必须要坚持遵循规范性和适度性原则。传统的英语教材开卷即为英美风情，闭卷还是美英趣闻，从里到外，从头至末都充斥着洋风洋情，并以国内外熟练使用汉英双语者叙述的中国社会文化英语文本作为基础，以中国官方媒体英语为规范。长期使用这种教材培养出的学生，学成了洋人，却丢掉了本身。所以，我们在选用教材时必须要用那些充斥着大量文化信息的，绝不仅仅是目的语文化信息，尤为重要的是还要有学习者自身的文化信息的内容。我们通常将中西方文化看作是一个整体，中国文化内容只能在教材中占有一定的比例，而英语文化是不可或缺的一部分内容。这样做可以解决学生群体中“中国文化失语症”的问题，也有利于让学生能更多地学习英语国家的风土人情，帮助学生在国际环境下运用英语，实现英语本土化身份的重构。总而言之，教材内容应符合以下要求：一是作为母语文化材料，应是以学习者自身文化为内容的材料；二是作为目的语文化材料，应以英语国家的文化作为学习内容；三是作为国际性目的语的文化材料，应以世界上英语非母语国家的文化作为教材主要内容。英语教材不仅要反映英美文化，所有世界先进文化都应该成为其可能的选择，其中也包括我们中华文化，从琴棋书画、诗词歌赋到经典国粹，名人典故等都可以成为英语教学语料。

随着英语在我国的普及，中国的语言文化也逐渐渗透到英语之中，进而使英语中的表达方式也颇具中国特色，进一步丰富了英语的内涵。目前，我国所需要的是一种能够共同交流的语言，由于英语全球化和本土化已经成为一个事实，所以英语必然会受到国内外越来越多的关注。而在高校英语教学中，教师必须充分考虑英语在多元文化、多元语言环境下的使用及发展，实现国际英语的本土化教学，创生出国际化性质鲜明的新型英语教育范式。这就需要我们加快英语教学的改革，努力培养学生英语语言应用能力和跨文化交际能力，进行这种英语语言的教学过程就是英语教学的本土化身份重构，从而提高英语教学的质量。

二、跨文化意识的提高

我国当前英语教学存在的弊端之一，就是没有让文化意识的教育“显性”出来，最多是比较一下汉英在语言结构上的差异，教师在教学中缺乏对学生文化意识的培养，这不利于学生跨文化交际能力的培养，本节从培养学生跨文化意识的必要性、途径和方法以及应注意的问题三个方面出发，阐述了如何培养学生跨文化意识，提高学生的英语交际能力的实践措施。

（一）培养学生跨文化意识的必要性

“文化”是“人类历史发展过程中所创造的物质财富和精神财富的总和”。在英语教学中，文化主要指英语国家的历史地理、风土人情、传统习惯、生活方式、价值观念等。教育部制定的英语课程标准明确指出英语教学应拓展学生的文化视野，发展他们跨文化交际的意识和能力。那么，提出这一要求的原因何在呢？

1.21 世纪社会发展的需要

从某种意义上说，21 世纪的地球越来越小，小得犹如一个村落。我们既是中国国民，也是地球村村民。随着各种跨文化交流的日益频繁，除了迅速提高外语水平之外，增强世界意识和全球观念、了解整个世界、了解世界各国文化，已成为各个行业、各个领域、各种群体所面临的紧迫任务，也是社会的发展对我国的外语教学提出的新要求、新目标。

2. 改革我国英语教学的需要

我国英语教学受传统教学理论的影响比较大，在知识教学与能力培养上走向知识传授的极端，在英语教学中把语法的传授摆在首位，忽视了能力的培养，导致综合运用英语的能力低下。这与我们一直把英语教学作为一门知识传授的课程而忽视了跨文化意识的培养、促进英语知识向交际能力的转化有相当大的关系。因此英语新课程改革的教学目标中，初中阶段提出了“了解文化差异”，高中阶段提出“增进对外国文化，特别是英语国家文化的了解”，来弥补对异国文化，特别是学对生英语国家文化缺乏了解而导致的英语综合运用能力低下的这一结果。

3. 语言本质的必然要求

语言是文化的载体，文化的传播和传授必须借助语言。因此，英语教学中应渗透文化思想。在学习和交际过程中，通过文化丰富语言，通过语言反映文化特色，将二者贯穿始终，才能教好英语，学好英语。培养学生跨文化交际的意识和能力，正是语言本质的必然要求。这不仅能让学生避免由于文化差异而引起的交际障碍，而且也能使学生利用英语这一工具，能吸收外来文化的精华，将来也成为我国外来文化交流的使者。

4. 人的生存及发展的必然需要

英语已成为各种国际场合的主要工作语言，据统计，国际上 85% 的学术论文是用英语发表或宣读的，各学科的主要的学术期刊也以英语为主，它也是国际互联网的主要应用语言。在教学中培养学生跨文化意识，促进其英语交际能力的提高，就是在为每个学生创设未来生存发展的平台和机会。

二、培养学生跨文化意识的途径和方法

（一）利用课堂介绍文化背景知识

现代英语教学在课堂上有两大特点：一是突出交际能力；二是重视阅读理解能力。因此，我们必须掌握教材的切入点，以利于学生结合文化背景知识和文化内涵来展开活动。

（二）课堂交际，使交际运用与文化学习相结合

要提高学生的跨文化交际意识，培养跨文化交际能力，好的方法当然应该让他们沉浸于英国语言文化的氛围中，这样不仅可以使学生对西方文化有理性上的认识，还可以让他们在同本国文化进行感性比较的同时，学习并理解西方文化。因而在课堂上教师应为学生创设模拟现实生活的交际环境。

（三）大力加强对学生语言能力的训练，把跨文化意识的培养与语言能力的训练密切结合起来

从语言训练来说，教师可以从以下四项基本技能入手，把文化意识的培养与语言技能的训练相结合。

1. 阅读练习

让学生阅读一些简装本的外国名著，比如说：Jane Eyre，Gone with the Wine，Three Men in a Boat 等，给学生直观的感受。通过阅读这些名著，可以让学生产生学习英语的兴趣，又可以让学生在潜移默化中了解英语国家的风俗习惯、待人接物的习俗等，从而培养学生的文化意识。另外，也可以让学生多做一些阅读理解方面的训练，这样既可以提高学生阅读速度和词汇量，又培养了文化意识，可谓一举两得。

2. 听力练习

现在网络技术非常发达，网上有许多可供教师利用的资料，而且很多资料具有很强的时代气息，教师可以从网上下载一些听力材料（比如美国总统竞选演讲，美国人怎样纪念 9.11 中丧生的亲人等。）或者买一些英语原声录音带给学生听，这既练习了听力，又可以了解异国的风情。

3. 写作练习

教师在指导学生写作练习时，应有意识地加强中西文化差异的比较，通过这一训练将中西文化在称呼、招呼语、感谢、谦虚、赞扬、表示关心、谈话题材和价值观念等方面的差异自然而然地渗透到英语教学中，使学生在学习的同时将其灵活地应用到自己的文章中，从而做到学以致用。

4. 口语训练

教师可以通过组织英语角、英语晚会、排练英语小短剧等，创设形式多样的比较真实的语言环境，使学生产生一种身临其境的感觉而加强对文化知识的实际运用。

三、培养学生跨文化意识应注意的问题

（一）注意实用性

在英语教学中，应结合《英语课程标准》的要求，不能只讲花架子，做绣花枕头，而应教会学生如何对别人的事用英语表示关心，如何拜访别人，如何应答别人的夸奖等，解决实际的问题。

（二）注意阶段性

在起始阶段，学生的词汇不多，表达水平不高，在教学中应侧重于教会他们一些既简单又常见的跨文化交际知识。如：在教学生如何进行拜访时，应教会学生在英美文化中，如想拜访某人，一般要通过某种方式，如打电话、当面约定等事先给所要拜访的人打个招呼，双方约好会面的时间和地点。而在中国，通常情况下，熟人和朋友之间走动互访一般不事先打招呼。随着教学的不断地深入，学生的水平也在不断地提高，到了中高级阶段，在教学中就应该侧重教会学生一些更深层的跨文化交际知识，如价值观念、宗教信仰等。

（三）注重增加背景知识

教师根据课文内容增加相关的背景知识，不但可以提高学生的兴趣，激发他们的求知欲，而且还能加深他们对课文的理解。比如课文涉及手势的内容，我们可以就此介绍一些体态语言的知识，像中国人跺脚表示生气，而美国人则认为这是不耐烦；中国人指着自己的鼻子表示我，而美国人却是指着自己的胸膛表示我。美国的男人在交谈时总保持45 ~ 80 厘米的距离，男人们之间除了短暂的握手之外，彼此很少接触，他们从不拉手，也不互相搂着坐。而中国人却从不讲究这个，男人和男人，女人和女人，只要是朋友或者关系亲密的人都会手拉着手，这在外国人看来是不可思议的，甚至会被认为是同性恋。

（四）改变思维方式

思维方式对跨文化交际有很大影响。由于中西方有着不同的思维方式，所以在交际过程中，就常常出现一些困难，影响交际效果，造成一些误解。

总之，教师在英语教学中，不能只单纯注意语言教学，而必须加强语言的文化导入，重视语言文化差异及对语言的影响。只有这样，才能引导学生在实际中正确运用语言。教学中培养学生的跨文化意识是英语教学中的一项艰巨任务，是时代发展的需要。因此，教师要不断地提高自身的业务水平，扩大知识面，当好主导，把握新的机遇，迎接新的挑战，为培养适应 21 世纪的人才不懈努力。

第三章 高职英语教学的理论研究

第一节 高职英语教学现状

在全球一体化不断地推进的时代背景之下，英语作为世界第一语言，其重要性也随之变得越来越突出，通过加强高职英语教学，借此能够将高职学生培养成适应时代需求的高素质人才。有鉴于此，本节对高职英语教学的创新性进行研究分析，期望能够为我国高职院校英语教学提供借鉴，将高职院校学生培养成实用型人才，为他们的未来发展打下坚实的基础。

随着我国社会经济的飞速发展，我国对外贸易的数量也随之变得越来越多，因此我国对于英语人才的需求量也随之大大增加，这就对我国教育工作提出了新的要求标准。我国高职院校英语教育的主要目的就是培养出学生的实际工作能力以及工作技能。通过对高职英语创新性进行研究分析，能够有效地保障高职英语教育以满足当前我国市场不断地发展情况下对于人才的要求，同时还可以有效地丰富我国高职院校英语教学的理论研究成果。高职院校通过结合英语教学理论研究成果进行课程教学，可以进一步提升英语教育的效率以及质量。

一、高职英语教学的现状

高职院校英语教育对于我国职业教育来说有着无可替代的重要作用，要想提升高职院校英语教学的创新性，首先就必须要了解当前我国高职英语教学的现状。

（一）高职英语教学的重要性

高职英语教学虽然和我国普通高校都是以培养人才为目标的，但是二者无论是教学内容还是教学方法都存在本质上的区别，高职英语教学更加注重的是教学英语知识的实际应用性。现如今，在我国高职院校英语教学之中，其中重要性主要体现在教学目标之中。在高职院校教育工作之中，高职英语教学有着无可替代的重要作用，无论是英语专业的学生还是非英语专业的学生，其都需要进行高职院校英语学习，借此有效地提高自身的英语素质，从而使自身在未来工作的过程当中获得更好地发展。

（二）高职英语教学内容

现如今，我国高职院校英语教学的主要内容为以下两个方面：第一点，基本语言技能。基本语言技能主要指的是高职学生必须要掌握的英语语言基础，这就是基本的语言学习，基本的语言学习主要包含英语词汇学习、英语语法学习、英语语言文化学习等多方面的内容；第二点，英语应用能力。在高职院校英语教学过程当中，英语应用能力主要指的是学生的语言交流、运用能力，相比较基本语言技能学习来说，英语应用能力主要是对高职英语教学的基本提高以及联系，通过它能够有效地检测高职英语教学的质量。英语应用能力学习主要包含听、说、读、写，基本的英语交际和沟通能力，这同时也是高职院校英语教学之中的核心内容。

（三）高职院校英语教学的特点

第一点，高职院校英语教学具备双面性的特点，造成这一特点的主要原因就是高职院校英语教学继承了高等英语教学的特点，并在此基础之上发展处独属于自身的特点以及属性。高职英语教学除了要求在教学过程当中让学生掌握高等教育要求的所有学习内容之外，还要兼备英语实用性；第二点，高职院校英语教学具备实践性的特点。高职院校英语教学和普通高校英语教学不同，其教学内容具备非常显著的实践性。在高职院校英语教学过程当中，要求教师必须要以注重能力为核心准则，对高职院校学生的英语语言基本技能以及实际从事相关专业的工作能力的语言进行提升。

二、高职院校英语教学存在的问题

随着我国社会经济的飞速发展，我国市场对于人才的要求标准也随之变得越来越高，虽然我国高职院校英语教育也随之得到了一定程度上的发展，但是在实际教学的过程当中，在多方面因素的影响之下依然出现了多方面的问题，本节将之总结如下。

（一）教学方法存在的问题

对于高职院校英语教学来说，教学方法至关重要，其直接决定了高职院校英语教学的效率以质量。一个科学、合理的教学方法能够有效地激发出学生的学习兴趣，同时能够让教学内容在教学过程当中得到良好的传播，进而建立一个明确的教学目标，提升教学效果。现如今，我国高职院校英语教学在教学方法方面存在的问题主要有两个方面：第一点，教学方法固化问题非常严重；第二点，高职院校英语教学方法和实际教学要求还有差距。随着高职院校教育的不断地发展，我国高职院校英语教学主要提倡的是产学研一体化，但是现如今我国高职院校在进行英语教学的过程当中，却无法满足产学研一体化对于教学方法科学化、信息化以及现代化等多方面的要求，这严重拖慢了高职院校英语教学产学研一体化的发展进程，无法有效地提升教学效率和教学质量。

（二）教学内容存在的问题

现如今，我国高职院校英语教学之中教学内容存在的问题主要分为以下两个方面的内容：第一点，教学内容趣味性不足，课程学习枯燥无聊，学生非常容易产生厌学情绪，严重影响到高职英语教学的效率以及质量。这一问题主要表现在高职院校英语教师在制定教学内容的过程当中，没有注意结合学生的学习兴趣，同时没有对高职院校英语教学内容进行深入研究，这直接导致学生学习起来比较困难，同时无法调动他们的学习积极性，只是一味地跟随教师被动学习，教学效率以及教学质量得不到有效地保障，无法达到高职院校英语教学的目标；第二点，教学内容之中没有融入文化精神培养工作。现如今，我国绝大多数高职院校在进行英语教学的过程当中都存在过于重视实际性知识教学，只是一味地将英语知识点灌输给学生，但是却没有注意对学生进行文化精神培养。要想学好一门语言，对语言所在地区的文化进行了解至关重要，通过了解一门语言所在地区的文化以及精神，能够有效地提高学生的语言应用能力以及学习效率。因此在进行高职院校英语教学的过程当中，教师必须要在教学内容之中加入文化差异教学，缺乏这部分教学内容是当前我国高职院校英语教学存在的主要问题之一。

三、高职英语教学的创新性

（一）加快高职院校英语教学产学研一体化发展进程

在进行高职院校英语教学的过程当中，虽然教师建立了一个明确的教学目标，但是在实现教学目标的过程当中采用的方法却各式各样。要想达成高职院校英语教学的目标，为我国社会培养出更多高素质应用型英语人才，就必须要对高职院校英语教学方法进行创新改革。例如，可以应用产学研一体化发展的方法。首先教师应当制定一个严格的教学大纲，并对教学内容进行合理选择，在实际教学的过程当中，教师应当以研究性教学为核心，积极转变传统教学模式。经相关研究表明，通过产学研一体化的创新，不仅能够对高职院校英语教学方法进行有效地创新，同时还可以促进我国高职院校教育体制的进一步发展。除了增加研究途径之外，高职院校还可以通过加强产学研一体化进程教育观念培养工作，对教师进行思想方面的培训，借此有效地转变教师的教学理念，提升高职院校英语教学的效率以及质量。

（二）对教学方法进行创新

现如今，由于我国高职英语教学之中应用的教学方法存在问题，导致高职英语教学课堂枯燥无聊，无法有效地调动学生的学习积极性。有鉴于此，我国高职院校英语教师必须要积极对自身的教学方法进行创新，借此才能够有效地提升教学效率以及教学质量。

例如，教师可以在高职院校英语课堂教学的过程当中应用情境教学法，通过在课堂上建立一个生动有趣的情境，营造出一个良好的英语学习氛围，将枯燥无聊的知识点生动形象地展现在学生的面前，有效地调动他们的学习积极性，提高他们的学习效率以及学习质量；应用问题教学法，在进行高职院校英语教学的过程当中，教师可以在课堂教学之前对教学内容之中的重点以及难点进行明确，并在此基础之上设置问题，在课堂上由浅入深地向学生提出问题，引导学生进行课程学习，借此可以有效地活跃课堂氛围，调动学生参与学习的积极性，有效地提升课程教学的效率以及质量。在实际教学的过程当中，教师通过活用多样化的教学方法进行高职英语教学，再辅以自身丰富的教学经验，能够将学生培养成适应市场需求的高素质人才。

随着经济全球化的不断地推进，我国对外贸易的数量也随之开始变得越来越多，在这样的情况下，我国对于英语人才的需求量也随之变得越来越高，高职院校英语教学的核心目标就是将学生培养成应用型英语人才，有鉴于此，我国有识之士必须要对高职英语教学的创新性进行研究分析，借此促进我国社会经济的进一步发展。

第二节　高职英语教学的文化导入

基于高职英语教学存在着课程设置和内容未充分突出职业性、教师教学方法的不恰当以及学生缺乏实践锻炼等现状的基础上，本节提出在课堂教学中导入文化要素的必要性和重要性，通过课前导入、课堂融入、课后补充等方式来提高学生的综合素质，为社会和国家培养高素质的国际化人才。

为了应对知识社会和经济社会发展的需要以及随着社会产业结构调整和劳动力市场就业需求，中国教育提出了高职院校英语教学改革。以往高职院校英语教学是应试教学，现如今是应用教学。但是目前高职院校英语教学的社会实践模式不能充分地体现英语教学“高职”的特点，也不能培养适合经济发展的人才。学生学习的知识、信息和掌握的技术不能满足社会发展的需要，导致科教兴国战略成为空话。为了紧跟时代的步伐，我国的职业英语教学也将改革提上日程，并且加紧步伐。本节就以高职高专英语课程的改革作为研究的重点，为使学生能够适应就业市场和社会发展提供建议。

一、中西文化导入的意义和必要性

（一）能够提高学生的综合素质

中国的英语教学通常采用基于教材的方法，并没有将英语学习与文化和实际应用紧密结合。在课堂上，老师只解释句子的含义和句子的语法结构，指导学生机械地记住词汇和句型，而没有把学生的生活经验和学到的知识结合起来。在今天的高职教育中，学生需要获得更多的生存技能和资本，并运用到生活和职场中。教师在教学过程中应当将知识和实践应用结合起来，在学习语言知识的同时，鼓励并指导学生理解和比较中西文化之间的差异。这种文化比较的过程，能够提高学生的应用技能，以便更全面和更准确地学习英语。中国的英语语言教育吸引了越来越多的国内外研究者的兴趣，这样日益浓厚的兴趣主要源自两方面的原因：一是国际范围内对英语教育的重视与探索；二是中国的教育工作者对英语教育的奠定与建设。英语教育是一个古老而又常新的话题，英语教育的根本价值在于促进学生的能力和素质的发展，基本的教育品质是保证学生发展的重要条件。为了促进学生更好地发展，必然要求教育不断地提升品质。因此，保证并提高教育质量一直是英语教育的主要工作。

（二）有利于对外交流的进行，是经济全球化和跨文化交际的需要

当今社会是一个国际化的社会，跨国交流也包含跨文化交流，特别是中西方之间的文化，容易发生碰撞。文化涉及电影、娱乐和音乐等各个方面。具有不同文化背景的人会交流得更多，英语是一种国际化语言，越来越多的人意识到学习英语的重要性。因此，英语教学也越来越受到重视。为此，教师们在课堂上需要正确地讲授东方和西方文化差异的知识，并运用这门语言与西方人进行交流。英语教学的目标就是把学到的英语知识运用到实际生活中。教授的过程不仅仅是学习英语的一种方式，更重要的是学习文化的过程。英语教育能够使学生们深入到世界优秀文化之中，感受历史长河中沉淀下来的灿烂文明财富。就英语这一学科自身独有的特点来说，它与自然科学、人文科学等学科都有着千丝万缕的联系。

（三）是社会发展对高职学生的要求

随着中国经济的不断地发展，高等教育体系也慢慢完善，高等职业技术教育的地位也变得越来越重要。作为一种在新时代环境下积极发展的新型教育模式，高等职业教育越来越受到社会的关注，但高职院校培养学生的目的是培养技术人才、生产管理人才以及服务人才，为社会提供众多实用技能型人才。英语是职业教育的重要基础学科。学生的英语知识水平直接影响到工作能否顺利进行的能力以及整体质量的发展和维持可持续发展的能力。因此，在高职院校有效地实施英语教学非常重要。高职院校英语教学改革遵循“实践性”的总体方向，以培养语言实际能力，强调教材的实用性和适用性为目的。语言知识和语言技能是实际应用的基础，文化意识是正确使用语言的保证。因此，在高职英语课堂的教学方法中，要注意培养学生的文化意识。

高职高专英语教学的内容，大多数都是经过专家选出的、比较符合正统思想的。比如反映西方文化传统、现代科技、体育娱乐、语言教学、学生校园文化等。同时，这些内容也是有限的，不能代表英语文化的全部。这些课程的设置让课堂的学习变得枯燥乏味，缺乏乐趣。对于高职院校的学生来说，他们学习英语的目的是更好地就业。所以，那些有较强理论性质的英语课程，对于大多数的学生来说并没有多大的用处，这种课程内容和学生学习目的不符合的现象应该加以改正。

教学观念、教学方法、教学内容等由于受传统教学模式的影响，比较看重语言知识的

教授而不是学生能力的培养。职业英语的教学方法没有做到有针对性。各个专业的英语课的讲授，例如外贸英语、会计英语、物流英语、机电英语，等等，针对这些不同的职业英语，教师们应该采取不同的授课方法。这种单一的教学方法，如教师讲、学生听，重视阅读，过分地强调正确的语音、扎实的语法、一定的词汇量，使得老师成为课堂上的主角，学生成为配角，以上的弊端不利于调动学生学习英语的积极性，不能为学生提供良好的实践机会。以教师为主的单一的教学方法，根本就不符合高职高专英语教学的目的。

职业英语教学的目的是培养学生在某一方面的英语应用能力，最终的目的是在实践中熟练运用，但是现状是以英语语言知识的讲解为主，应试为目标，这样培养出来的学生不能有效地运用这门语言，听、说、写、译的能力较差。学校出于各种原因的考虑，没有为学生提供足够的实践机会，仅仅以课堂上的讲解为主，学生尽管掌握了部分理论知识，但却不能很好地在生活中予以使用，这样造成了学难致用的局面。

二、高职英语课堂教学中的改进方法

（一）课堂融入

文化是人们通过勤奋学习而获得的知识。面对复杂的文化现象，我们可以通过直接体验，比如出国留学，在英语国家生活，来了解西方文化的独特吸引力。也可以通过电影、互联网和书籍等间接经验来获得。对于大多数人来说，课堂仍旧是学习文化的重要途径。高职英语教师可根据教材内容在课堂上向学生们介绍文化知识。在英语课堂上，教师可以展示优秀的音乐或者影视作品，鼓励学生参加各级英语比赛，促进学生学习活动，同时强调隐性教育对学生英语学习的影响。

1. 课前导入

在课前，教师可以用举例的方式介绍西方文化。例如，在母亲节的这一天，老师们可以介绍西方母亲节的由来，让学生们思考可以通过什么方式来庆祝这个节日，在西方国家有什么样的习俗等等。老师可以先向学生提出问题，激发他们对这个知识点的兴趣，谈论母亲节的习俗并分小组讨论。通过介绍，学生对英语课堂的兴趣会比较强烈，对文化的兴趣有所提高，他们可以积极地参与到课堂里，提高学习积极性。

2. 具体讲解

在课堂上，教师可以根据所学教材的内容灵活地描述和解释相关的文化知识。例如，教师可以介绍通过介绍中国运动员姚明和 NBA，引导学生们了解美国的篮球运动。通过这些介绍，学生们可以参与并积极讨论 NBA 的基本规则，NBA 的球队名称，所在的城市，NBA 的各个奖项等。鼓励学生利用闲暇时间学习语言和文化，并将其融入这种开放的文化环境中。

3. 实物展示和比较

教师可以在文化教学中运用实物展示方法，帮助学生真正地感受到英语在日常生活中的运用。例如，在讨论名片和商务信件时，教师可以向学生们展示实体的英文名片和信件。这样可以让学生看到实物，老师的解释可以让学生更加自信地掌握名片和信件的格式和内容，从而更容易记住相关的写作要点和注意事项。在这个过程中，教师将中英文名片进行对比，以便于学生更轻松地比较两种语言的写作方法，可以注意到它们之间的差异，以确保未来在实际使用时的正确性。

4. 演练实践

实践是学习英语的重要途径。学生可以在老师提示的基础上来进行实践。例如，老师在解释名片格式后，学生们为了进行实践，可以虚拟出公司和职位职能，用英文写作一张名片。学生都比较喜欢使用这种方式参与到学习过程中来。实践结束后，教师可以对学生们的表现进行评论。此外，在制作英文的求职简历时，不仅可以学习写作，还可以学习面试时的句型，增加自信、了解自己的缺点，促进求职的经验积累。

（二）课后补充

由于文化的内容和意义丰富多样，课堂学习的时间也很有限。仅仅用课堂学习英语已经不能满足学生的需求。教师需要让学生利用闲暇时间进行学习，了解文化背景知识。教师可以安排学生观看英语配音的电影，并进行配音练习，让学生在实际场景中体验，观察和理解相关的文化知识，让学习和应用技能可以得到改善。学生们也可以在课外阅读英文杰著作，了解英语国家的文化特征，关注英语文化知识的积累，随时扩展学习的视野。学生们还可以利用英语角等社团活动与外国人进行交流，掌握英语文化的各个方面，同时也加强了口头表达能力。此外，西方文化的讲座也是丰富英语文化的教学方法，能有效地扩大和补充课堂文化指导的内容。学生们根据以上语言场景能够了解中西文化的差异、了解西方文化的含义。

高职院校不仅需要提高学生的英语能力，更要培养学生的教育素养。为了鼓励学生通过相关的英语活动放松和享受，学校可以开展各种课外活动，培养学生们对英语的兴趣。此外，学校还应该建立科学合理的发展评价体系，鼓励学生发挥个性，推动英语教育的改革。英语教育同其他学科一样，也应该把培养学生的创造力作为最终目标。教育的根本目的是培养人才，因此高职院校的教师们要时刻学习现代的教学方法，加强教学过程，培养学生的优秀人格。随着世界经济的迅速发展，各国之间的文化交流活动也越来越频繁。在国际上广泛地使用英语的前提是培养具有跨文化交际能力的英语人才，这是中国高等职业教育英语教学的新要求。在课程内容、教学方法、校园培训和教育实践方面都应该进行改革。英语教师需要根据技术学院的教育培养目标和毕业生就业导向，改变以教室、书本和教师为中心的传统教育理念和教学方法，改革并创新教学方法，全面实施高等职业教育改革。

第三节　能力本位教育与高职英语教学

当前，能力本位教育备受社会各界的广泛关注，本节以高职英语教学为分析对象，了解能力本位教育在该学科教学实践过程中的重要体现及应用策略，为提高高职英语教育教学质量和水平提供一定的借鉴，真正为社会培养出更多综合型的应用英语人才。

作为我国教育体系的重要组成部分，高职教育对培养一技之长的人才有关键作用，与其他阶段的教育教学内容相比，高职教育更侧重于对学生实践动手能力的培养，许多专业课程的老师结合时代发展的实质要求，不断地调整后期教学策略和教学方向，保证人才培养目标与时代发展需求紧密对接，更好地构建高效课堂，体现教学的针对性和有效地性。其中高职英语教学涉及的内容和形式比较复杂，实质的教学质量和教学效率不容乐观。加之我国是一个以汉语为母语的国家，缺乏具体的英语学习语境，实质的英语教学面临困难，学生难以抓住学习该学科的技巧和精髓，老师面临较大的教学压力。之所以会出现这一现象，除了与教师存在一定联系之外，还在于学生个人的实践动手能力较弱，难以在个人主观能动性的引导之下不断地挖掘学习潜能，掌握英语学习的核心要求。因此老师必须关注学生学习能力和学习水平的稳步提升，坚持以能力为本位的教育理念和教育策略，有效地促进高职英语教学实践活动顺利开展。

一、能力本位教育

能力本位教育符合素质教育的实质要求，在体现学生主体地位的同时实现教学资源的合理利用，促进教学质量和水平的稳步提高。早在 20 世纪 60 年代，能力本位教育就实现了快速发展，同时普及率有了极大提高。作为一种职业教育体系，能力本位教育在实践应用过程中受到许多老师的好评，同时各国家和地区结合职业教育改革具体内容和方向，严格按照能力本位教学的现实条件明确该教育改革的核心内容，更好地调整后期的教学方向和教学目标。从微观角度看，能力本位教育十分关注岗位操作能力的培养及提高，以能力提高为基础和核心，充分调动学生的主观能动性，保证学生在自主学习和实践的过程中树立良好的主人翁意识，发挥个人的主导作用及优势。

学术界和理论界在对能力本位教育进行分析和研究时强调，老师在教学实践中必须分析学员需要具备的实际动手能力，积极抓住不同理论教学的核心要求，严格按照社会发展的现实条件落实不同的职业技术教育活动。学校在设置主干课程之前要结合时代发展潮流及趋势调整教育教学方向，保障内容与形式之间的一致性和匹配度。其中教学计划的制定尤为关键，相关管理工作人员要了解课程设置的要求，以职业岗位和职业能力发展的实际条件为原则，明确不同课程设置的现实条件，构建成熟的管理标准和技术管理要求，通过对专业课程人才培养目标的分析及研究更好地保障学员在完成学业之后顺利走向不同工作岗位，发挥自身作用和价值。

二、能力本位教育在高职英语教育中的应用

从上文相关分析中不难发现，能力本位教育与新课程改革相辅相成、共同促进，能够更好地体现人才培养的作用和价值，实现人才培养目标与时代需求之间的紧密对接，发挥教育推动生产实践的优势。作为专业课程体系中的基础课程，英语尤为关键，该课程的应用性和实践性比较明显，教师要根据岗位职业的实际发展需求了解不同岗位和行业的能力要求，严格按照高职高专教育英语教学课程的基本条件明确前期教学目标和教学方向，坚持应用为主、够用为度的教学思路。高职英语教学存在一定的特色及优势，老师在教学实践之前必须做好充分的准备工作，深入解读该学科教学的本质要求，严格按照学生的个性化发展开展不同的教学实践活动。

（一）调整英语教学目标

在开展英语教学实践活动之前，教师要了解前期的教学目标和教学方向，一个科学且明确的教学目标不仅能够体现教育教学的针对性，还能够为学生营造良好的学习空间和学习氛围。与普通高等教育相比，职业技术教育的人才培养目标有所区别，以培养管理、服务、建设、生产等一线人才为主体，其中应用型人才培养最为关键。相比之下，普通高等教育则更侧重于专业型人才的培养，对此，在构建高职课程体系之前，学校需要以市场需求为导向，明确应用型人才培养的核心要求，积极落实后期的教学实践工作，深入分析和解读不同岗位能力的具体要求和内容，以此来保证教学目标制定的合理性和科学性。

从目前来看，不同的高职院校在设置专业培养目标的过程中能够主动地结合自身特色及优势，保障课程设置及安排的合理性及规范性，但是部分管理者没有掌握英语教学的实际要求，难以了解英语教学的具体水平及课程安排的方向及标准，部分教学实践活动过于随意和简单，难以体现应有的价值和作用。

首先，教师要坚持英语基础知识教学的基本任务。高职英语教学的实践性和应用性比较强，对学生的逻辑分析能力和动手能力提出极高的要求，理论是实践的重要指导，只有保障理论分析的科学性才能为后期实践指明道路和方向。在教学实践之前，教师要了解学生的英语基础知识掌握情况，严格按照基础知识的具体内容开展前期的教学实践活动，更好地抓住这一基本任务，实现学生理论分析能力和水平的稳定提高，保障学生打下坚实的理论基础。另外，学校要协调高职高专教育理论教学的比重和内容，突破完整性和系统性的简单要求，坚持使用为主、够用为度的教学方向和教学思想，真正实现教学资源的优化配置和利用。以学生为主体的教学实践形式能够帮助学生掌握一定的英语基础知识，在老师的引导之下大胆表达个人真实意见和看法，提高个人英语表达能力和应用能力。对于高职英语教学实践来说，实质课堂时间相对偏少，难以更好地培养学

生的英语应用能力，难以处理好教学内容与教学形式之间的相关性，对此，老师需要针对这一现实条件明确英语基础知识教学的具体内容，严格按照这一中心任务实现与学生之间的紧密联系和有效地互动。

其次，老师需要关注培养学生的英语综合应用能力。学生是学习过程中的主体，我国素质教育和新课程改革明确强调，老师在教学实践过程之中需要围绕学生的个性化发展开展针对性的教学实践活动，在引导学生、鼓励学生的基础之上保证学生在自主实践过程中实现综合动手能力和水平的稳步提高。要充分体现能力本位教育，促进高职英语教学质量和水平的稳定提高，教师要将学生英语综合应用能力的培养及提高作为该学科教学的中心任务，明确前期教学目标和教学方向，保障学生在自主学习过程中掌握英语基础知识和学习技能，提高个人英语听说读写能力。在全球化趋势不断地加剧的今天，我国与其他国家之间的交流和联系互动越来越频繁，社会对人才的英语应用能力和表达能力提出了较高的要求。对此，我国高职英语教育必须明确这一社会发展趋势，关注不同英语教学内容的侧重点和要求，将更多符合学生个性化发展要求的教学策略融入课堂，加强对不同教学内容的合理组织及安排，实现学生的良性成长和发展。需要注意的是，老师在开展教学实践之前必须了解学生的学习能力和学习背景，积极践行以人为本、因材施教的教学理念，既体现学生的主体价值，又给予学生更多自主实践的机会，鼓励学生在反复思考学习的过程中提高英语应用能力和水平。

（二）改革英语教材

英语教材是整个教学实践活动的出发点和落脚点。教师要明确英语教材的现实条件，着眼于语言教学重点和难点，通过对前期教学大纲的深入分析和研究调整企业教学内容设计和安排方向，积极发挥教师的指导作用和价值，鼓励学生参与不同课堂实践活动，以此来更好地体现以能力为本位的教育理念和教学模式的作用及优势。英语教材涉及的内容和形式比较复杂，高职英语以培养综合的应用型英语人才为主，部分学校不会直接采取统一的教材，而是根据自身实际情况进行针对性调节和优化升级。但是在对高职英语教学现状进行分析和研究时不难发现，有一部分学校仍然以传统的英语教材为主体，往往忽略对版本内容的分析及研究，难以让学生在教材分析过程中提高个人听说读写及翻译能力，自身语言技能水平相对偏低。对于高职英语教学来说，在改革英语教材之前，必须以满足职业教育要求为主体，提高学生的技术应用能力，鼓励学生利用教材实现自我教育和自我引导，为了体现高职教育中不同专业的特点及优势，老师需要坚持使用为主、够用为度的教学原则，更好地实现不同教材内容的对比及分析，在组合使用过程中提高学生的学习动手能力及水平。

除此之外，学校还要关注英语教学内容及方法的革新，改革现有教学策略及手段，抓住新时代背景之下高职英语教学的新内容、新标准和新要求，耐心培养学生的运用能力，组织开展不同形式的英语教学实践活动，保证学生在自主分析过程之中培养个人良好的学习行为习惯，大胆说出个人的真实意见和看法，只有这样才能体现能力本位教育的作用和优势。

以能力本位教育理念为基础的英语教学实践活动既能体现学生的主体价值，又能促进教学资源的优化配置和利用，老师在英语教学实践之前必须分析高职人才培养的实质需求，明确学生的未来成长和发展方向，积极体现学生的主体地位，实现英语教学质量和水平的综合提高。

第四节 现代教育技术与高职英语教学

随着社会信息化的发展，现代教育技术在高职英语教学中的运用越来越普及。在高职英语教学中，现代教育技术的应用发挥了积极作用，也出现了一些问题。本节就现代教育技术在高职英语教学中的积极作用进行阐述，对出现的问题进行探讨，并提出对策。

李兆君等在《现代教育技术》中认为，现代教育技术指的是以现代教育理论为指导，使用现代信息技术对教学过程和资源进行搜集、设计、使用、评价和管理，以实现教学优化的理论和实践。在高职英语教学中，针对高职英语课程实用性、职业性强的特点，高职学生普遍英语基础薄弱的现状，充分发挥以网络和多媒体为核心的现代信息技术的优势，运用先进的教学理念、教学方法进行教学，能够提高教学质量和学习效率，培养学生的英语综合运用能力、创新能力和实践能力，培养高素质人才，有助于老师自身教学、信息化等各方面素养提升。但是，由于对现代教育技术认识不足，软硬件配备不够等多种原因，高职英语教学中出现了一些问题。本节就高职英语教学中现代教育技术应用的积极作用以及在应用过程中出现的问题及相关对策进行探讨。

一、现代教育技术对高职英语教与学的积极作用

（一）提高高职英语的教学效率和学生的学习效率

英语教学，尤其是高职英语教学具有很强的实践性，注重培养学生在职场中的听、说、读、写能力。学生在职场中能得体地通过英语口语与写作顺利表达自己，能与对方进行有效地英语沟通，是高职英语教学的目的。这就要求在英语课堂中让学生多多操练。在现代英语教学模式中，网络、多媒体等多种现代信息技术不但提供海量的教学资源，极大地丰富教学内容，而且教师备课时就能把词汇、语法点、例句、练习、重难点等教学内容在课件中提前制作，省去课堂上的板书时间。教师可以在微博、QQ、微信等互动平台上发送本节课的教学要点及课后练习，节省学生的抄写时间。教师可以利用节省出来的时间，通过声音、图像、视频、教学游戏、对话、小组竞赛、互动平台等多种方式，创设鲜活、生动的职场情境，让学生深刻感知现实中的职场生活，帮助学生内化所学知识的同时，锻炼

听说读写各方面的实际运用能力。通过互动平台，学生有什么问题可以课后与教师沟通反馈，做到课堂教学的有效地延伸。因此，现代教育技术极大地扩充了高职英语教学的广度和深度，提高了教学效率和学习效率。

（二）激发高职学生学习英语的兴趣

高职学生的英语基础普遍比较薄弱，有些学生甚至连单词都不会读。学生对英语学习有畏难情绪，甚至讨厌学习英语。激发学生的学习兴趣，是高职英语教学中必须攻克的第一关。针对高职英语教学实用性强的特点，可以运用现代教育技术，多角度、多方面地刺激学生的视觉、听觉，激发学生学习英语的兴趣。如：在课堂上展示真实的职场交际场景，让学生切实感受到所学英语知识在真实职场的应用，意识到英语的重要性。通过图像、视频、课件等多种手段把抽象、难懂的英语知识变得形象具体、生动。模拟真实的职场情境，让学生运用所学知识进行模拟训练，缩短教学与职场的距离，提供英语交际的机会，使学生触景生情，激发表达欲望。通过教学游戏、热门话题讨论、竞赛加分等方式，吸引学生加入教学活动中。

（三）培养高职学生英语综合应用能力

较之初中因升学压力而采取的填鸭式教学、哑巴教学及过于注重语法的教学，高职英语更注重的是培养学生的英语实际运用能力。现代教育技术能提供很大的帮助。通过观看英文原声电影等音频资料，训练学生听力，积累词汇并模仿地道的语音语调，提高口语能力；通过展示学生感兴趣的热点新闻，并与学生共同讨论的方式，提高学生的阅读能力；通过互动平台与聊天工具，直接与母语国家的人们进行语言、音频交流，不但可以提高学生听说地道口语的能力，还能培养交际能力；通过布置任务的方式，让学生组队用英语讨论，并通过书籍、网页、BBS，E-mail 等多种渠道搜集资料，集体探讨，自主完成任务，锻炼学生听说读写能力的同时，培养学生的自主学习能力、实践能力、创新精神及团结合作的精神。

（四）帮助教师提高自我素养

首先，现代教育技术的应用对教师的能力提出了挑战。高职英语教师不但要学习现代信息技术，学会使用计算机、网络、多媒体等现代信息工具，还要积极学习现代教学理论、外语教学理论及先进的教学方法，将之运用于实际的英语教学，实现英语教学的优化。在这样的学习与教学实践过程中，教师的现代教学素养和实际教学能力都能得到提升。其次，社会的信息化和经济的全球化，不但显示出英语的重要性，而且对英语教师提出了终身学习的要求，否则会被瞬息万变的社会所淘汰。现代教育技术不但能够帮助教师教育学生，而且能为教师的继续教育提供丰富的资源和渠道。老师可以参加教育系统提供的各种网上教师培训，也可以参加各所大学提供的远程教育，“慕课”就是很好的例子。教师还可以借助网络、互动平台等多种渠道搜集学习资料和信息。

二、针对现代教育技术在高职英语教学中的实际应用出现的问题提出对策

（一）在高等职业学校，增加现代教育技术的投入，加强软硬件设施建设

现代教育技术在高职校的应用需要教育经费的支持，需要相应的软件和硬件的支持。硬件设施包括先进的多媒体教室、稳定的互联网覆盖、充足的计算机配备及各种配套的校园服务、教学、管理、实验设施等。软件如互动平台的建设、教学课件的制作、丰富的教学资源提供、教师的信息化培训、学生的信息化培训及电教人员的及时辅助等。

（二）正确认识现代教育技术及现代教育技术在高职英语教学中的地位

在高职英语教学中，现代教育技术的应用存在形式化、过度化的现象。部分老师有一个误区，把多媒体与互联网的应用作为评判是否改变传统教学模式的标准，忽略教学的整体设计。无论教学内容需不需要，在课堂教学中把多媒体课件当作教学主体，每个教学环节都用计算机多媒体设备或课件，把教学课件做得华丽无比，图片、投影、视频、录音、教学游戏等轮番上阵。老师成了放映员，只要动动鼠标就可以把课件按序放完，失去教学主导作用。学生依然被动接受，只不过由传统的“人灌式教学”变成“机灌式教学”，学生的主体地位得不到体现。这是因为他们片面地认为现代信息技术如多媒体、互联网的运用就是现代教育技术的全部。现代教育技术不仅包括现代教育中的信息技术还包括现代的、先进的教育技术。现代信息技术在高职英语教学中的应用，需要有现代教育理论和先进教学方法的指导，才能与高职英语课程有效地整合，提高教学质量，培养高素质人才。现代信息技术对于高职英语教学具有辅助作用，但它的地位就像黑板、粉笔一样，只是作为一种教学工具而存在，不能代替教师的主导作用，也不能取代学生的主体地位。

（三）现代教育技术的应用应结合高职英语教学的特点

高职英语教学的主要目标是培养学生在职场中的英语听说读写能力。需要学生在听说读写各方面多多练习，注重师生互动及学生间互动。然而在实际教学中，由于现在的英语教材大都配备专业的教学光盘，教学光盘内容丰富，包含视、听、说、写多项技能的训练，展示方法灵活多变，一些老师误认为只要把教学光盘播放一遍，就可以完成教学任务。实际上，单纯播放光盘，只是把光盘当成演示工具，学生依然是被动接受知识，无法反馈教学成果及进行听说读写综合能力训练。教师应该把光盘里的优势资源利用起来。比如，光盘中词汇表里每个单词都会有母语国家的外教提供的录音。可以一个单词一个单词的播放，让学生跟读、模仿地道的语音语调，锻炼口语。然后，让学生自己练习几分钟，有不会的向老师提问。最后，向学生提问，让学生自己读单词，如有问题，老师随时纠正。做到以教师为主导、以多媒体为辅助、以学生为主体，达到训练学生听说读写综合能力的目的。

（四）针对网络开放性的特点，在现代教育技术的应用中应加强课堂教学的有效地管控

现代教育技术的应用离不开互联网，但网络的开放性会使学生在接受教育的同时很容易受到网络的干扰和诱惑。如学生会在上网搜集资料时，上网游戏，浏览娱乐购物平台，“不务正业”。教师应用局域网设限、BBS、留言板、软件设计等多种手段对学生的学习进程进行管控。

（五）教师要树立终身学习的思想，加强教师的现代教育技术培训，提高综合素养

教师是现代教学技术和高职英语教学优化整合的领导者和组织者。不但要具备较强的英语能力、先进的英语教学学习理论，了解高职英语的发展趋势，而且要掌握现代信息技术和教育理论，能够制作适应高职英语课程改革需要的教学资料。伴随着信息化社会的发展，经济、生活、文化、教育等多方面呈全球化的趋势，知识的更新日新月异，英语的重要性更加凸显。作为英语知识的传承者，教师更要不断地增加知识、技术储备。这就对高职英语教师提出了一专多能、不断地研究、终身学习的要求。

总之，高职英语教师应该在现代教育理论的指导下，结合高职英语教学实践性强、学生英语基础薄弱的特点，充分发挥主导作用，重视学生的主体作用，将现代信息技术与高职英语课程有效地整合，创设贴近职场的教学情境，采用形式多样的教学方式，多角度、多方位地刺激学生的感官，使其深刻感知并内化所学知识，引起学生主动探究英语的兴趣，在探究过程中主动构建知识结构，并锻炼学生听说读写、沟通交际的能力，团结合作的能力及创新实践的精神，达到培养高素质人才的目的。

第五节　高职英语教学中的德育思维

对于高职英语教学活动来说，其不仅是一种知识教育，也是以学生技能和实践理念为支撑的教学机制。结合当前高职院校英语课堂的文化载体属性和人文理念看，如果能够选择格式的文化素材来诠释和展现英语教学活动的价值内涵，其将从根本上实现该教学活动的理想创新。本节拟从传统高职英语教学活动的问题欠缺分析入手，结合高职英语教学活动中德育思维的应用价值认知，进而分析德育思维在高职英语教学活动的应用策略。

在文化交流日益成熟的背景下，英语教学活动的价值意义日益突出。对于高职英语老师来说，在整个英语课堂教学过程中，必须充分尊重学生的主体地位以及个性化差异，并且在学生具体学习之后，引导学生形成属于自身的全面价值思维。当然，在这一过程中，结合和完善自身的价值冲突，从而使得学生能够把道德素质融入学习与技能应用活动之中。

一、传统高职英语教学活动的问题欠缺分析

在当前英语教学活动中，缺乏必要的文化内涵，加上教学底蕴不足，影响了教学活动的实际价值。英语是一种语言，文化是其中的内涵。想要让英语教学活动实现最佳效果，就需要注重文化内涵的合理融入。结合当前时代诉求看，只有凸显文化属性，才能让学生更能生动、形象地掌握所学英语知识，并且将这些知识内容转化为具体的实践技能。缺少对文化内涵的合理认知与应用，关键在于未能从文化与英语的关联性以及文化自身的价值认知角度分析教学方法。对于英语教学来说，如果缺乏文化内涵的必要融入，这都让英语教学效果与理想教学预期之间存在极大的脱节现象。

在传统的高职教育方式中，我们过多强调的是培养学生形成必要的英语实践技能和知识，忽略了道德和美学等等多种理念的有效地融入。所以，在高职英语教学过程中，其只是聚焦了学生自身的成绩，未能将学生的德育理念融入其中。客观地看，学生培养活动是一项复杂的活动，在整个高职教育活动中，不仅需要有知识上的教育，更需要从学生兴趣出发，充分注重德育教育理念诠释，通过培养学生的综合素养，从而实现高职教育活动的理想效果。

二、高职英语教学活动中德育思维的应用价值认知

对于高职英语教学来说，彰显文化属性和人文内涵，融入德育思维，这不仅是当前整个高职英语教学活动实施过程中，教学方法的全新变革，同时也是当前我们培养极具文化气息和德育思维的实用型、交流型人才的终极要求。德育思维就是文化心态和精神理念的生动展示。德育思维不仅仅是一种精神理念和文化意识，同时也是学生成长过程中所需要具备的精神理念。

实际上，在当前高职英语教学活动中，其不仅是一种知识教学，更是一种文化精神引导。因此，英语作为一种基础教学知识，在开展教学活动时，学生不仅要掌握相关语言知识技巧，更需要将文化内涵的诠释与表达融入整个学习活动之中。所以，学生自身对英语知识的掌握及学习状况也对学生未来参与就业活动有着很大影响。因此，只有学生掌握了系统化的知识素养和语言技能，才能实现英语教学的最佳效果。在当前高职英语教学时，要将实用性和语言技巧放在核心位置之上，通过激发学生参与英语课堂的文化意识，从而实现高职英语教学创新过程中，语言应用与文化教育之间的深度融合。

在全球化的今天，随着国际交流活动不断地成熟，如今我国逐渐融入开放、包容性的文化氛围之中，对于学生来说，形成必要的德育思维，将让学生真正有效地利用好自身所学的文化知识和精神素养。随着“素质教育”改革理念推动不断地成熟，如今整个高职英语教学活动，也实现了革命性的发展与突破。在当前高职英语教学活动来说，其课堂载体中所呈现的将不是一种知识引导和文化教学，不再是简单的学习场所，更重要的是学生综

合素养提升的重要阵地。因此，在学生学习英语技能时，也需要注重提升学生的思想素养的重要途径，也就是说，在英语教学课堂上，不仅需要具备英语知识，也需要在整个英语教学活动中融入必要的德育理念。

对于德育教育来说，其核心在于帮助学生个体形成认知和解决这一问题的能力。就高职英语教育活动来说，其核心素养需要在学生掌握英语知识的前提下，形成正确的价值情感和价值观念，从而使得学生能够形成必要的实用社会实践技能和专业需要的价值品格、能力。对于英语教育来说，学生的核心素养是一系列复杂的能力，其中包含学生自身的英语学习认知、语言应用及德育文化理念等诸多要素。

对于学生来说，在参与英语学习过程中，课堂是教学的载体，英语知识是基础，良好而完善的道德素养则是学生全面培养的基础，恰恰这也是学生更好地应用所学知识英语知识和技能的关键。因此，对于当前整个高职英语教学活动的全面创新与改革来说，融入必要的德育教学，恰恰也是该教学活动全面创新的关键所在。

三、德育思维在高职英语教学活动的应用策略

选择合适的文化素材，将德育教学和思维培养纳入整个高职英语教学活动之中。英语教学的本质是一种文化教学，无论是具体的英语应用，还是相应的教学素材，乃至词汇语法等等，都是整个教学活动中所潜在的德育元素。所以，在高职英语教学活动中，所具体选择的内容，应该注重思想理念和文化内涵的传承与启迪。

在当前实施具体的高职英语教学活动中，要选择合理的德育教学元素，通过教学素材的有效地融入，从而为学生德育思维理念的有效地培养奠定相关基础。比如，可以选择师生关系处理、环境维护等多种关系学生道德理念的内容，在真正融入学生理解与感知的时代元素之后，让学生通过具体的英语知识学习，从而将个人理解融入自身道德素养的品读与激发之中。在这一过程中，从而在引导学生掌握英语知识素养外，也使得学生能够将自身所学的文化知识、实践技能与道德素养，等等多种理念相融合，真正实现高职英语学习活动的价值提升。

此外，真正意义上的道德感知与提升是需要在相关实践环节中来展现和理解的，学生在参与道德知识学习过程中，也需要为学生感知这些道德思维创造条件。在具体的英语教学过程中，通过为学生展现自身道德思维和理念提供实践机会，让学生在具体的学习过程中，形成积极向上的道德思维。德育作为一种内涵理念和情感教育，只有在具体的行为中予以感知和理解，才能真正意义上实现德育教学活动的最佳效果。

在高职教育机制全面创新的今天，德育教育对该教学活动的发展产生了重要影响。对于学生来说掌握系统化的英语知识，不仅能够为学生参与日后的就业活动以及个人职业成长与发展提供基础动力，同时也能极其有效地影响学生自身实现综合成长与全面发展。对于高职英语教学活动来说，其不仅是文化知识教育与实践技能教育，也要立足于时代环境，

融入必要的德育理念，在以学生为教学核心的基础理念下，综合培养学生形成必要的内在思维和道德素养。

第六节　学生主体发展的高职英语教学

本节通过对高职学生主体学习现状的认知，提出在高职英语教学中促进高职学生主体发展的有效地途径，从而以高职英语教学促进高职学生的主体发展，以高职学生的主体发展带动高职英语教学的不断地创新与变革，实现高职英语教学与高职学生的共赢。

高职英语教学的授课对象是高职学生，学生的来源，或是经过正常高考考入高职院校，或是高职院校经过自主招生招上来的生源，所以高职院校学生的英语学习基础参差不齐，具有较大的差异性。面对这样的情形，高职英语教师应充分发挥高职学生的主体性，以高职学生的主体发展解决高职学生之间存在的差异性，以高职英语教学对高职学生主体的调动促进高职学生主题的积极表现与探究，从而使高职英语教学适应基础不同的高职学生的英语学习需求，促进高职学生自主性的发展和加强高职学生英语学习的主体地位，使高职学生真正成为高职英语学习的主人，自主、亲自操纵高职英语学习。

一、高职学生主体学习现状

高职学生在步入大学后，一方面是由于教育管理体制的不同，另一方面是高职学生英语学习心态发生了微妙的变化，所以导致高职学生对于高职英语学习出现了各种不适，甚至有些高职学生感觉到了迷茫，不知在大学应该如何进行高职英语的学习，甚至出现了不会学习的现象，具体表现如下：

（1）高职学生以往的英语学习基本都是在外在因素的促动下进行，外在因素包括学校对学生的规章制度的约束、班主任对学生的监督与管理、英语任课教师对学生的督查与督促、家长对孩子的管制等，在外在因素的共同作用下和推动下，高职学生的英语学习才得以前行，而且由于高职学生长期在此环境中成长与学习，高职学生已适应此种被督促式的学习方式，致使高职学生自身的主体意识丧失，主体能动性匮乏。而大学的英语学习模式与之前高职学生的英语学习方式存在很大的差异性。首先，督促高职学生学习的外在因素减少了，高职院校对高职学生的约束仅限于能够达到大学英语课程的学分，以免影响毕业证的取得；班主任主要是对高职学生生活情况、学习情况的监督，为的就是保证高职学生能够正常在校上课，而不会过多地涉及对高职学生英语学习的反复督促；家长在孩子考入大学后，基本也就不再对孩子学习进行监管，自然也就不再催促孩子进行学习。基于此，随着高职学生外在督促因素的减弱，高职学生的英语学习就陷入一种“不会学习”的境遇。其次，高职英语任课教师与高职学生以往的英语任课教师不同，高职学生以往的英语任课教师（小学、初中、高中英语教师）无论是课上还是课下都会对其的英语学习进行时时监控与催促，而高职英语教师主要就是课上教学，课下鲜少会对高职学生的英语学习进行督促，所以高职学生就会出现英语学习懒散、散漫、自我能动性差的现象。

（2）高职学生受以往长期应试教育的影响，缺乏英语实际应用能力的训练，因此，高职学生的听、说能力欠缺。在高职学生升入大学前，英语学习的主要目的就是应对各种考试，如中考、高考等，英语教学的中心也都是为了学生能够在各种英语考试中取得优异的成绩，所以就会出现学生天天做题，做完题对题，然后再做题，周而复始的现象，因此，高职学生听、说能力的缺乏与其之前的英语学习模式有必然的联系，也是之前英语学习模式导致的必然的结果，而高职英语教学注重对高职学生英语能力的培养，当高职学生面对这样的高职英语课堂时，就会不适应，会躲闪、会逃避，不愿也不肯进行英语的自我表现。

（3）高考对于学生来说，是一次改变命运的时刻，而高考过后考入高职院校的学生，或是庆幸终于结束了漫长的学习，以后不用像以前一样辛苦地学习，或是由于没能考入理想的大学很忧伤，无论哪种，对于刚刚结束高考步入高职院校的学生来说，以在高考中能够取得最佳成绩的目标都已终结，从而使高职学生在刚入大学时出现迷茫期，不知以后的目标是什么，也不知应如何进行高职期间的学习，致使高职学生的英语学习动机缺失，高职学生的主体发展受阻。

二、基于高职学生主体发展的高职英语教学构建的具体途径

高职英语教学是促进高职学生主体发展的最有效地途径，通过高职英语教学中的有效地措施或方法促进高职学生主体的发展能够使高职学生找到学习的方向和途径，促使高职学生积极地投入、无限的付出，从而树立高职学生的主体意识和地位，帮助高职学生更好地完成高职英语的学习；能够优化与完善高职英语教学，使高职英语教学更具推动和促进高职学生主体发展的作用，实现高职英语教学的实效性；能够使高职英语教师学会放手、学会引导，从而使高职英语课堂成为高职学生自我施展的舞台，而高职英语教师则是高职学生英语学习的助手、指路人，帮助高职学生在高职英语学习的道路上顺利前行。

（一）构建支架式教学，使高职学生学会学习

高职学生以往的学习习惯是需要外在因素的干预才能有效地学习，而高职英语教学的过程却缺少高职学生学习所需要的外力，致使高职学生在高职英语学习中出现不会学习的现象，因此，高职英语教师可以借助支架式教学帮助高职学生学会学习，教授高职学生有效地学习方法或学习策略，从而使高职学生增长学习技能，在以后的学习中能够独立面对，能够自主学习。

支架式教学的搭建需要高职英语教师在教学之初的准备阶段就将高职学生学习的框架为高职学生搭建完成，以便于高职英语教师在高职英语教学过程中引导高职学生进行知识的学习与探索。然后还需要高职英语教师预设支架或框架撤销的时机或环节，以便于高职

英语教师能够有准备地撤销支架，训练高职学生能够独立进行知识的学习能力，在此过程中，高职英语教师也应设计出适合高职学生独立完成的训练内容，训练内容必须充分考虑到高职学生的英语基础和支架式教学中所学习到的内容，务必做到量体裁衣，既是对高职学生本节课内容的训练，也能充分考虑到高职学生的实际水平，使高职学生在独立完成时能够游刃有余，顺利完成应该自我探索的学习内容。

以讲授电子邮件的书写为例，高职英语教师应将此内容学习的支架提前设计好，以便高职学生能够在支架的引导下，逐步研究，实现对邮件书写的深入了解。高职英语教师可安排高职进行前期的自行探究作为支架的第一步，探究形式为高职学生为同班的一名同学发邮件，表达对同学的问候与关怀。支架的第二步为课堂的谈论环节，教师可安排全班学生就第一步操作中的疑问和对电子邮件的不明之处提出问题，有班级其他同学作出解答，而教师则在旁静静倾听，必要时加以补充。第三步为高职英语教师的归纳、总结与详解环节，将电子邮件的书写过程、书写要点以及书写中的注意事项等讲给高职学生，使高职学生对电子邮件的书写既有整体的认知，也有细节的掌握。之后就是高职英语教师撤销支架，让高职学生独立完成特点内容的电子邮件的书写，目的就是查看高职学生的掌握情况和训练高职学生的自主学习能力。

（二）增加高职学生的听、说能力的训练，摆脱应试教育内容的束缚

在高职英语教学中，增加高职学生听、说能力的训练能够增加高职学生的主体参与度，促使高职学生积极地表现自我，促进高职学生的自主发展。高职英语教师可将教学内容进行必要的调整，使教学内容扩大听、说教学的比例，从而促使高职学生更多地接触英语听、说训练，为高职学生的主体发展创造更多的机会；高职英语教师可开展各类英语听、说活动。通过情景剧表演可以为高职学生增加英语会话的环境和氛围，使高职学生沉浸于此，尽情享受英语表演的乐趣。通过小组讨论可以为高职学生增加英语交流的欲望，使高职学生在相互间思维的碰撞中擦出火花，踊跃参与讨论。通过美剧欣赏可以为高职学生创造外在语境，使高职学生随着剧情的发展沉浸其中，训练高职学生的听力，提升高职学生的听力水平。

（三）帮助高职学生找到英语学习的方向，激发高职学生主体发展动力

升入高职院校后，高职学生对于高职英语学习出现了不同程度的迷茫，而迷茫出现的主要原因在于高职学生高考过后缺少英语学习的目标和方向，失去了英语学习的动力，所以在没有英语学习动力的驱使下，迷茫现象也就会出现。因此，高职英语教师应帮助高职学生走出迷茫，引导高职学生重塑英语学习的信心，激发高职学生的英语学习斗志，保证高职学生可以持续性展开英语学习。

高职英语教师应及时为高职学生讲解高职英语学习的目的与意义，使高职学生明白为什么要学习英语以及英语学习与其以后的工作、学习、生活之间的关系与必然联系，从而帮助高职学生理清英语学习的思路，重新树立高职英语学习的目标，更具有激情地投入高

职英语的学习；应引导高职学生从积极心理学的角度看待英语学习、进行英语学习的探索，从而使高职学生的意识形态上建立积极的英语学习态度，激励高职学生更好地完成高职英语学习。

促进高职学生主体发展是高职英语教学顺应时代发展的必然改革，也是以人为本教学理念的直接体现。高职英语教师应将促进高职学生的主体发展作为高职英语教学的基本宗旨，以支架式教学教会高职学生如何学习；以扩大对高职学生的听、说训练，使高职英语教学挣脱应试教育对高职英语教学内容的束缚；以激发高职学生英语学习内驱力，促动高职学生主体参与与发展。在高职英语教学中，促进高职学生的主体发展应贯穿教学的始终，应作为高职英语教师长期为之努力的目标。高职学生的主体发展关乎高职学生的终身学习能力的构建，关乎高职英语教学的成效，应得到高职院系和高职英语教师的高度重视。

第四章　跨文化背景下高职英语教学的理论研究

第一节　高职英语教学中的跨文化教学

在高职的英语教学中，跨文化教学是一项十分重要的内容，对学生英语学习中的综合素养提升有着重要的作用。教师在教学时除了要对学生进行英语知识讲解与能力的训练，还要注重对学生跨文化意识的培养。深入挖掘教学内容中的跨文化思想与内涵，然后运用创新性的教学手段展开全面且深入地教学，帮助学生在有效地理解教学内容的前提下，打开国际化的视野，开拓自身的思维进行更深入地英语学习探究，促进自身综合素养的提升。

一、高职英语教学中存在的问题

（一）教师教学观念以及教学方式过于落后

在大部分的高职英语教学过程中，受教师自身的专业素养以及对英语学科的落后观念等因素的影响，教师往往不注重教材内容中的文化联系教学。在涉及一些有关国外文化的教学内容时，教师通常只针对其中所蕴含的文章大意、语法结构以及陌生词汇等语言形式着重进行讲解，从而忽略了整篇内容的重要教学思想。这样学生不仅会对外来文化内容感到陌生，还会被本体文化思想的差异所影响，降低自身的全方位英语素养。除此之外，教师在对学生进行英语教学时，往往会出现教学方式不恰当的问题，比如对一些内容性较强的文章，教师不能浅层次地挖掘它其中所蕴含的语言知识点，而要通过多种手段对教学内容的深层次含义进行挖掘，加强学生的多重理解能力，帮助学生有效地消化教学内容。

（二）学生不够重视英语教学中一些不可忽视的因素

高职院校的学生面临着十分重大的就业压力，在日常英语学习中往往专注于专业知识或技能的学习，而会忽视英语教学中的跨文化意识或者外来文化内容。他们通常认为，这种跨文化教学内容对于英语考试来说是无关紧要的，这样的观念也就造成了他们对外来文化内容的不重视。长此以往，高职学生的眼界或视野会越来越狭隘，由于对其他国家的风土人情、语言文学等方面的内容了解甚少，在之后的学习或生活过程中会产生消极的影响，无法用宽阔的视野和广阔的内心去接受文化差异，进而降低高职院校学生的社会适应能力。

二、跨文化教学在高职英语教学中的重要意义

（一）缩小英语教学中的文化差异

在高职英语教学内容中通常涉及较多西方国家文化，这些教学内容的差异性表现为人们价值观、世界观以及语言行为等方面的差异。而大部分学生受本体文化影响程度较深，传统的思维方式无法深刻地理解这些跨文化教学内容与西方国家的思维方式等。也就导致学生无法深刻地理解教学内容中所蕴含的主旨思想，无法通过本体的思维方式去进行有效地探究与学习。所以在高中英语教学中实行跨文化教学可以帮助学生有效地打开思维，学会去尝试理解不同国家之间的文化差异并给予一定的尊重。这种方式会开拓学生的国际视野与思维，提升学生的综合素养。

（二）丰富高职学生的英语文化知识

在高职英语教学中实现跨文化教学，还可以丰富高职学生的英语文化知识，打开他们的国际视野与思维，提升他们的思想层次。对高职学生来说，他们学习基础薄弱，在学习一些有关中外文化差异的文章时缺乏一定的理解力，即便他们能够理解一篇涉及众多陌生单词与语法结构的文章，也很难理解文章所蕴含的文化背景以及重要意义。这样的知识基础会严重影响学生的深入学习，所以教师在教学中进行跨文化教学可以帮助学生克服这些基础知识与思维方式等多方面的英语障碍，帮助学生更好地理解跨文化教学内容，丰富高职学生的英语文化知识，增强他们的综合素养。

三、高职英语教学实行跨文化教学的重要策略

（一）深挖教材内容文化内涵，注重中外文化联系

在高职英语教学中实行跨文化教学，教师首先要根据教材所涉及的教学内容进行跨文化思想的深入挖掘。在职高阶段的英语教学内容中往往涉及多种有关中外文化差异的内容，比如说饮食、节日或者文化方面。想要全面地渗透跨文化教学思想，帮助学生有效地提升跨文化素养，加强学生对跨文化教学内容的理解力，就要充分地分析这些文化差异的教学内容，提炼其中所蕴含的文化差异思想，帮助学生进行有针对性的跨文化教学。下面我将引入一个教学实例，以学习“Happy New Year”这课为例。根据本课的整体教学内容，教师需要向学生明确内容中所存在的文化差异，对学生进行深入教学。比如从多个话题展开跨文化教学的探究，首先是 Describe the differences between Chinese and foreign festivals. 通过这个话题，就是不仅要针对教学内容中所涉及的节日进行总结，还要学会对教学内容作出延伸，提升学生的文化视野。比如针对这个话题教师首先可以从多个层面进行中

外节日之间的比较，首先对我国的 Spring Festival 来说，这是我国最重大的一个节日，表示说新一年的开始。而在国外的众多节日中也有相对应的节日，那便是 Christmas day。教师根据这两种节日的共同意义展开不同的特点探究，比如 What are the o — rigins of Spring Festival and Christmas day、Historical Stories and Legends Embodied in the Spring Festival and Christmas day、What are the main activities of people in Spring Festival and Christmas 等方面。教师可以通过讲解的方式向学生进行多种层次的跨文化讲解，还可以通过多媒体方式向学生展现，或者是让学生通过自行解组进行深入探讨与交流。除此之外，这样的文化教学模式还可以使学生加强对教学内容以及文化背景的理解，营造良好思想的课堂学习氛围，使学生获得充分的教学体验，促进学生跨文化意识的产生，提升学生的综合素养。

（二）利用多媒体教学设备，形象化展现文化差异

针对教师跨文化教学来说，传统的理论讲解远不如利用多媒体教学设备对学生进行形象化的教学展现，让学生通过图片或影像资料的观看，深入理解教学内容中所体现的跨文化思想或内涵，有效地分析中外文化差异，帮助学生加强对教学内容的深层次理解与教学情感的深度体验，有效地培养学生的跨文化意识。比如在学习教材中的“Can I take your order”时，教师也可以根据教学内容搜集相关的图片或影像资料进行教学课件的制作，让学生通过形象化的教学展现深入体验中外文化的差异与思想。教师可以通过中外国家的用餐文化或差异进行表格的绘制，在表格中通过对比学生可以有效地理解中外的用餐文化差异。教师可以从几方面展开有关用餐文化的深入对比，比如 Seating arrangement and order at dining、Differences in the placement of tableware between China and the West、Differences in eating styles between China and the West 以 及 Differences between dining attentions and dining etiquette 等等。这几个方面有的是有关教学内容的课件资源，而更多的是对中西方用餐文化差异的延伸内容，教师要做的就是以教学内容为基准，针对跨文化教学做一定的教学内容延伸，帮助学生更好地体会中外文化间的差异。通过这样的方式学生可以在学习教学内容时理解其中所蕴含的深厚文化背景，打开自身的固有思维模式，对他国的文化或习俗进行有效地吸收与理解，并给予一定的尊重。这样学生才能够在跨文化教学中实现自身素养能力的提升，提高思想的宽度，提升自身的跨文化意识，加强对优秀文化的理解与认知，拓宽自身的国际视野。

（三）开展“第二课堂”，丰富学生的国际化文化认知

教师除了在课堂中创新教学方式对教学内容进行深刻的文化教学外，还可以通过开展“第二课堂”对学生进行深入地跨文化教学内容普及，为学生的英语教学课堂做好延伸与补充，综合性提升学生的跨文化意识与能力。根据这样的教学需求，教师可以通过各种手段开展跨文化教学的“第二课堂”。

1. 利用课余零碎时间提升学生的国际文化认知

在高职学生的校园生活中有着大量的零碎时间，教师可以利用这些零碎的课余时间

对学生进行国际文化的普及与渗透，拓宽学生的跨文化视野与认知，为英语的跨文化教学做重要补充。比如，在课间的时候，教师可以通过多媒体为学生播放一些有关外国文化的英语短视频，可以是外国的一些节日文化风俗活动，比如 Christmas day，Halloween，Thanksgiving day 等，让学生通过这种方式打开国际视野，对学生的学习与个人发展有一定的帮助。在教学过程中，还可以通过多媒体为学生播放一些经典的电影影片，通过影片的故事发展或历史背景体现增强学生的跨文化认知，让学生深入了解他国文化的优秀人文价值观，提升自身的英语文化素养。除此之外通过这些国外文化的普及以及思想的渗透，可以锻炼学生的英语听力与交际表达能力，为英语课程学习做好教学铺垫。

2. 开展大量跨文化教学活动，提升学生跨文化意识

教师想要保证跨文化教学的高效性，还可以通过在课堂或课外为学生开展大量的文化教学活动，让学生在活动的参与中提升自身的国际文化认知，学会去尊重不同国家之间的文化差异，提升自身的综合素养能力。比如教师在课堂上可以针对教学内容中所涉及的文化差异创建英语游戏，比如对一些国内外节日以及节日的起源、所涉及的历史背景或故事、节日的主要活动等进行考察。教师通过在卡片上记录这些重要的节日或相关的内容信息，然后让学生将卡片进行匹配游戏，那么学生便会深刻记忆这些不同节日的不同文化活动或历史背景等，加强学生的跨文化学习与理解。

3. 丰富学生的多文化阅读渠道，进行有效地跨文化意识培养

教师想要保证英语教学中的跨文化教学高效性，还可以通过为学生通过阅读渠道的方式进行深入地跨文化意识培养。教师可以在教室内部设立相关的图书角，在图书角中为学生准备一些有关国外文化的科普书籍，或者是国外的一些名著作品等，比如《罗密欧与朱丽叶》《哈姆雷特》这些阅读性较强的书籍。这种书籍的阅读不仅能够提高学生的兴趣，还能使学生在阅读中对其所蕴含的历史背景以及文化思想进行有效地学习与认知。教师还可以定期带学生去往校内外图书馆进行深入地学习与文化了解，这样学生阅读到的文化书籍越多，对国外的一些历史背景、风俗习惯或文化思想了解的便更多，综合性提升学生的跨文化意识，为课堂教学作补充与延伸。

总的来说，教师想要在高中英语教学中进行深入地跨文化教学渗透，首先要针对教材内容中的中外文化内涵进行提取，然后通过创新性的教学模式与方法进行教学内容讲解与思想渗透。除此之外要针对学生的跨文化教学需要开展“第二课堂”，通过多种形式的教学对学生进行有效地跨文化意识培养，提升学生的国际文化视野，为学生的英语学习做一定的延伸与补充，综合性提升学生的英语文化素养。

第二节 跨文化交际导入高职英语教学的有效地性

高职英语教学不同于其他阶段的英语教学，它更具有鲜明的职业需求导向，因此，培养跨文化交际的英语人才成为我国现代高校英语教学的主要目标之一。高职英语教学应该从跨文化交际导入的必要性入手，有机结合跨文化交际学科，将跨文化交际导入高职英语教学当中去，尝试从不同的语言环境、文化背景和风俗习惯出发，注重学生英语教育的实用性和适用性，不断地提高高职英语教学的有效地性。

跨文化交际从广义上讲，指的是不同文化背景的人群之间进行的文化交际、交流，英文翻译为 cross-cultural communication，跨文化交际不是一个动作的结果，而是一个参与的过程。跨文化交际不仅是指不同文化圈之间的人群进行交流，在同一文化圈内亚文化之间的交流也属于跨文化交际，比如中国、日本、韩国虽然同属东亚文化圈，但是因三者语言与文化上也有一定差别，同样属于跨文化交际。不过引起文化冲突的多属不同文化圈的人际关系，如中国与欧美之间进行文化交际，在文化与交际方面的取向与规范方面就有非常大的差异。

各民族在历史的不断地发展演变中，积淀着属于自己民族的文化知识和风俗习惯，这些都体现在语言表达的过程中。英语虽然作为世界语言，具有较高的融合性，但是在这些不同的文化知识和风俗习惯影响下，不同地区所讲的英语习惯也存在天差地别，稍不理解就会引起误会、闹笑话。因此，做好跨文化交际的学科教育是很有必要的。

一、跨文化交际学科的发展

跨文化交际学科自 1959 年诞生之日起，始终属于独立性的边缘学科，19 世纪 80 年代是学科发展初期，在教学中的运用主要是为教师和学生提供了教学法方法和策略。90 年代时得到发展，出版了关于跨文化交际学科研究的书籍。直到 20 世纪达到研究的繁盛时期，大量的经典文献被引进，教学与该学科之间的对话也愈加频繁，并较多地被运用到各个学科的教学中，这其中英语教学使用最多，发挥的作用也最大。

二、高职英语教学中跨文化交际导入的必要性

（一）高职英语教学中跨文化交际导入是国家教育战略部署的要求

近年来，我国教育部门颁布的《高等学校英语专业教学大纲》，明确要求在培养专业的英语人才过程中，除了要求有传统的“听、说、读、写、译”这五大技能外，还要注重培养学生的跨文化交际能力。不难看出，国家在英语专业人才的培养上，越来越注重英语学习的实用性，而不再是一味地要求其学术性。现阶段，我国培养出的许多高学历、

高智商人才，出国后却频频出现交流障碍，“听不懂、不会说”成为最大的语言学习问题，这使得国家对英语教学的跨文化交际导入看得比其他时候更重，只有将跨文化交际导入英语教学过程中，并进行有效地渗透，才能为国家培养更适应全球经济一体化发展的实用型人才。

（二）高职英语教学中跨文化交际导入是符合语言文化发展的必要手段

英语是一门语言，语言是文化的载体，因此语言的学习应该以文化的学习为前提。语言文化的发展，背后是各个国家、民族人民在长期的劳动中总结出的智慧，是人类在历史长河中探索经验的积淀，其中融合着深厚的地域色彩和风土人情。不夸张地说，语言的交流，实则是民族文化的交流。因此，想要学习好英语，首先应该对语言背后的文化背景做深入地了解，而通过跨文化交际的导入，能够使学生在学习语言的同事，结合文化背景，从根上了解语言的魅力，激发学习的兴趣，顺应语言文化发展的必然需求。

（三）高职英语教学中跨文化交际导入是未来就业方向的必然选择

高职院校一直以来都为我国输出许多高质量的专业型人才。与其他高等院校的培养方向不同，高职院校在学生的培养过程中更注重人才的专业性和专业技能的对口性，因此高职英语教育自然也不同于其他阶段的英语教育，更应该注重学生的就业方向和从业需求。以酒店管理专业的学生来讲，英语教育对于他们而言尤为重要，他们在毕业后很大概率将从事高端酒店的服务工作，接触外国友人的机会比常人要高许多，如果无法自如地运用英语与客人交谈，工作效率将大大降低，个人形象也会相应地大打折扣。因此，在高职英语教学中，有效地导入跨文化交际内容，对高职学生的英语实用性、适用性、方向性是必然的选择。

（四）高职英语教学中跨文化交际导入是中西方文化交流的有效地途径

中华文化源远流长，足以在整个世界面前闪耀其光辉。但是，长期以来，受限于语言的障碍和文化的差异，许多中华传统文化在英语教学中无法得到有效地弘扬。许多外国人眼中的中国是想当然的，是缺乏中国文化底蕴的。而西方文化的丰富和深厚，在中国人的传统认知中，也是有所偏差的。造成这些问题的根源在于中西方文化交流的不透彻、不深入。语言作为中西方文化交流的纽带，如果加入跨文化交际的内容，既能够增强对彼此语言的理解，又能够促进彼此间对文化的交流，对于加深中西方文化间的相互理解和认识有着极其重要的作用。

三、跨文化交际导入高职英语教学的途径

从跨文化交际导入英语教学的重要性出发，诸多学者对其进行了可行性探索，其中不乏一些经典论述。在前人研究基础上，结合高职英语教育的特殊性，对于跨文化交际导入高职英语教学的途径进行了归纳。

（一）紧密围绕教材展开教学

从词汇量和语法基础上来看，高职英语教育远远不如全日制大学本科，但是却有较高的专业对口性和针对性，尤其是一些专业词汇往往是大学生所不涉及的。因此在高职英语教育中，跨文化交际的导入应该紧密围绕教材展开，不需要过多地进行教材外的拓展，而是应该以教材为基础，充分挖掘教材中语言环境、民俗习惯、俚语和俗语等的文化差异，注重英式英语与美式英语之间的交流差异，围绕教材内容中不同民族的交流习惯，展开教学，对教学的宽度适当减少，多注重教学的深度，对一句语言在不同国家、民族人群中的使用习惯、禁忌等加深了解，以助于学生在日常工作中的实际运用。例如：在教学中可以通过不同国家、民族背景下，对同一句英语口语的使用进行分析，包括美式英语、英式英语的差异，挖掘产生这些差异的原因，并以此为例，让学生自行查找同类型的使用差异，通过寻找强化学生对语言使用习惯背后的民族文化差异的理解和认识，促进跨文化交际导入英语教学的效果。

（二）从实用性出发，转变教学观念

从高职英语教育的实用性来看，现阶段的高职英语教育还存在不同程度照本宣科的误区，许多教师没有看到高职英语教育中导入跨文化交际的重要性，更没有关注到高职英语教育的实用性，在课堂上往往是一成不变的教学套路，无法真正激发学生的学习热情。因此，高职英语专业的教师，应当从思想上真正认识到英语教学的重要性，从教学的实用性出发，灵活导入跨文化交际的内容，让学生在高职英语教学中注重对实用性的重视，融入跨文化交际的内容，强调跨文化交际在学生日后工作中的重要作用。举例来说，教师可以通过历史上一些名人成名前的学习故事，从根本上让学生了解英语学习的重要作用。通过结合当前社会经济发展趋势，让学生认识到未来发展过程中，学习英语的必要性。既改变了教学套路，令学生耳目一新，又可以巧妙地融合经济全球化背景下，跨文化交际的重要性，引发学生对学习英语的渴望和需求，一举两得。

（三）从跨文化交际的内涵出发，引入新鲜的教学手段，改进教学方法

跨文化交际的内涵和精髓在于将不同的地域、文化融入教学环节中，让学生可以理解不同文化背景对语言习惯的影响，从而达到根据不同语境正确选择表达自我的方式。因此在高职英语日常教学中，普通的学习方法无法达到最好的教学效果。建议可以采取电影教学、歌曲教学、使用语境教学等多种方法，寓教于乐，既能激发学生的学习热情，又能通过贴近地域文化的场景，带领学生了解和掌握更贴近地域文化的语言风格，从而达到文化和语言的有机结合，提高学习效率。例如：各国的国歌是凝聚了民族文化的经典，教师可以通过对同为英语国家的不同国歌文化表达，帮助学生针对性分析语言文化的魅力，当然，也可以选取其他一些耳熟能详歌曲进行歌词分析，达到对文化的认知。

（四）从跨文化交际的需要出发，注重口语交际

无论使用怎样的教学策略和方法，最终的目的在于让学生掌握不同语言环境中的自我表达，因此口语交际的重要性不言而喻。在高职英语教学中，教师可以采取分组练习和实训联系，通过对未来工作环境中可能出现的场景进行模拟，让学生熟练运用口语交际，应对不同状态、不同国家、不同风格的语言交际，从跨文化交际的需要出发，不断地强化口语交际的练习。教师可以充分利用高职学生特有的职业体验过程，融入口语交际内容，结合不同文化背景下语言的常见使用习惯，指导学生做好体验的同时，锻炼英语口语语言表达能力。

四、跨文化交际导入高职英语教学的注意事项

毋庸置疑，跨文化交际导入高职英语教学是对高职英语教学的有效地探索，对强化中西方文化交流、提高英语实用性和适用性等方面都有着极其重要的作用，因此在跨文化交际导入高职英语教学过程中一定要对以下问题加以重视，以达到更好地实践导入效果。

（一）跨文化交际不等同于一味地复制

前文中不断地提到中西方文化的差异，这种差异既应该通过跨文化交际导入高职英语教育中，强调不同文化背景下的语言差异，又不能简单地将这种差异进行复制和套用，比如在文学作品的翻译中，如果只是按照西方文化的习惯来一味翻译，有时反而会失去中文创作的精髓，比如一些隐喻、夸张和讽刺的手法，在翻译过程中仍然应当以文化的传递为基础，不能因为文字的转换而丢失语言的意味。应注意跨文化交际的精神，在于对文化基础的保留和对通俗文化的交流。如果违背了这样的准则，则成为一味地复制，失去了原有的价值。

（二）跨文化交际要注重不同文化间的相互尊重

所谓相互尊重，是指不同民族对于同一事物的不同认识，就好比回族人民和汉族人民对于“猪”的不同认识一样，中西方文化在对于同样的事物上也有着不同的表达和看法，应当给予彼此充分的认识和尊重，避免因不了解造成的文化侵蚀和文化强制。这些首先应当建立在跨文化交际的恰当运用中，在语言学习前，一定要对彼此的风土人情、生活习惯、神话传说等有充分地了解和认识，以此为前提，才能准确地将跨文化交际融入高职英语教育当中去。

（三）求同存异是跨文化交际的重要准则

作为交流而言，语言文化应当充分考虑交流双方的交际准则，如果只是一味地围绕存在争议的问题进行讨论，那么很难维持良好的交流环境，这说明“求同存异”的重要性。举例来看，“蛇”在中西方文化中，很多地方存在相似性，它都代表着恶毒、冷血等形象，但在有些西方的文化中也将其看作是神圣的、神秘的一种动物。那么求同存异，我们在交

流中应更注重双方的共同点，创造良好的交流氛围，避免触及宗教信仰中对于蛇的不同看法，这样就做到了跨文化交际的和谐共融，既达到了良好的交流，又避免了尴尬。

全球经济一体化已成为不可逆转的发展方向，作为培养专业化人才的高职院校来说，应当有机结合跨文化交际学科，将跨文化交际导入高职英语教学当中去，尝试从不同的语言环境、文化背景和风俗习惯出发，注重学生英语教育的实用性和适用性，不断地提高高职英语教学的水平，为中西方文化交流和高职学生就业打造良好的基础进行不断地有益的探索。

第三节　高职英语精读教学中跨文化交际教学

随着经济全球化的不断地深入，“一带一路”战略的实施，中国与世界各国的交流越来越紧密，跨文化交际能力的培养已成为外语教学中的一个重要的教学目标。而在高职英语精读教学中，教师重语言教学轻文化教学现象突出，培养学生的跨文化交际能力困难重重，情况不容乐观。

随着经济全球化的不断地深入，我国对外开放的不断地深入，“一带一路”走入世界视野，中国越来越多地活跃在世界的舞台上，而在对外交流的过程中，经常会遇到一些文化冲击。这使我们意识到在英语教学中只教授语言知识已经很难满足对外交流和社会发展的需求。因此要迫切地培养既有英语专业知识又有跨文化交际能力的人才。

在跨文化交际教学中，除了要让学生掌握基本的语言知识，如语音、语法、词汇等，更要让学生掌握一定的文化知识，培养学生应用外语进行跨文化交际的能力。外语教学的最终目的就是要培养学生的外语思维，了解所学语言的国家的人们是如何用语言反映他们的思想、行为、习惯，了解他们的社会、历史和文化，实现跨文化交际的目的。在英语教学的过程中，除了语言知识的传授，提高学生的基本人文素养是非常重要的。胡文仲曾指出:“语言是文化的一种表现形式。不了解英美文化，要学好英语是不可能的。反过来讲，越深刻越细致地了解所学国家的历史、文化、传统风俗习惯、生活方式以及生活细节，就越能正确理解和准确使用这个语言。”正是意识到文化知识在外语教学中的重要性，教育部在《高职高专教育英语课程教学基本要求（试行）》文件中曾指出，“大学英语的教学目标是培养学生英语综合应用能力，特别是听说能力，使他们在今后工作和社会交往中能用英语有效地进行口头和书面的信息交流，同时增强其自主学习能力，提高综合文化素养，以适应我国社会发展和国际交流的需要。因此，高职英语教学不仅要教给学生语言知识，培养其听说读写等应用技能，还要着力培养学生的跨文化交际意识和能力。”所以，在英语教学中培养学生的跨文化交际的能力已成为近年来外语教学中不断地被提及的一个热门话题。

一、跨文化交际在高职英语精读教学中的现状及问题

英语精读课程是一门必修的英语专业核心课程，其教学目标在于全面培养学生听、说、读、写、译等的综合语言运用的能力，培养学生用英语进行思维和表达的能力。语言是文化的一部分，语言学习不能独立于文化学习之外。因此，近年来一些英语精读的教材中也越来越多地可以看到文化知识的渗透。就笔者教授英语精读课程所使用的上海外语教育出版社出版的《综合教程》为例，在这套精读教材里，除了着重培养学生的语言知识能力之外，每个单元都有文化角这个板块。其目的在于丰富学生的文化背景知识，使学生充分认识到本族语与英语及其所属文化的差异，培养学生利用英语进行跨文化交流的能力。但是经过笔者的仔细观察和分析发现，现阶段高职英语精读课程中要培养学生跨文化交际的能力仍然暴露出许多明显的问题。具体来说，有以下几点：

（一）英语文化知识输入意识不强

在英语精读教学中，很多高职英语精读教师只重视英语语言知识的培养，忽视了英语文化知识的输入，使学生仅仅掌握了英语语言的基本表达方式，却并没有引导启发学生去了解英语语言背后真正的文化知识。同时，由于受到课时限制以及教材重语言知识传授的编排形式，教师往往心有余而力不足，必须要迎合英语语言应试教育。

（二）英语教师自身文化知识的欠缺

现如今，高职院校的英语教师已掌握扎实的英语专业能力，但是在英语文化背景方面，水平却参差不齐，大多数英语教师都没有丰富的文化知识的储备，在英语文化背景方面以及其文化和国内文化的差异方面，不具有相关的理论知识。因此，英语教师向学生传授的跨文化交际方面的知识将非常有限。从教学理论的角度来分析，教师自身英语文化背景知识能力的欠缺，对于在英语精读课上培养学生的英语跨文化交际能力来说是非常不利的。

（三）教材内容未能与时俱进

随着经济全球化的推进，高职院校所选用的英语教材也应符合趋势潮流，与热点新闻紧密结合，突显文化背景知识，培养学生的跨文化交际能力，充分体现英语教学的时代性和先进性。但是笔者调查发现，大部分高职院校所选用的英语精读教材排版老套，文章内容过时，很多文章并没有体现英语的发展性，也未能体现出英语的时代感。而且，英语精读课程重学生语言知识培养轻跨文化交际能力的构建，即使有的英语教材有涉及文化知识点的介绍，但也缺乏文化知识系统性、深入性地讲解，对于英语背景文化、英语表述特征的具体介绍只是泛泛而谈，蜻蜓点水，不够深入细致，自然也就无法真正实现跨文化交际的目的。

二、培养高职学生跨文化交际意识的策略

在英语精读教学过程中，教师要把英语国家的文化语言习惯和文化背景渗透到日常的英语教学中去，让学生学会用英文思维方式思考问题，使得学生在英语的实际使用过程中能够准确灵活恰当地传递信息并使交流内容更加丰富。笔者认为，要使学生能在英语精读课程中跨文化交际能力得到提升可以从以下几个方面着手。

（一）课堂教学中跨文化交际意识的培养

教师在日常的英语教学中应当改进教学方法，恰当地选用教学模式及合理地安排课时，提高教学效率，充分发掘和利用教材中所蕴含的文化背景知识。教材中有许多地方都有与文化背景知识相关的话题，例如，上海外语教育出版社的《综合教材 3》第三单元是有关教育的话题。那么教师在课堂上就可以对比中美两国教育体制的不同，进行两种文化的双向对比，让学生在学习相关英语语言知识的同时，在掌握两者差异的基础上，让他们真正明白英语国家文化历史和汉语传统文化的异同，在两种语言表达思维模式下自如灵活地切换，以此来真正培养学生的跨文化交际能力。

（二）第二课堂中文化知识的输入

有限的课堂时间严重影响了学生文化知识的获取，不利于提高跨文化交际能力的深度和广度。而且在许多高职院校，学生甚至是英语教师都少有机会到说英语的国家去进行学习交流，身临其境地感受英语国家的文化氛围和体验文化环境，那么学生对西方社会和国家的认识主要是通过阅读相关书籍，观看视频资料等建立起来的，因此教师要充分利用和挖掘第二课堂来培养学生的跨文化交际能力，创设生动有趣的第二课堂。近年来，微课、慕课等一些在线网络课程不断地涌现，不仅延伸了课堂教学，更丰富了第二课堂。学生能在网络课程中随时随地地进行灵活有效地个性化的学习。教师则需积极引导学生自主学习，阅读大量的英语经典文学作品，积累相关的社会习俗、文化背景、社会文化关系等方面的知识。同时，随着科技的发展，各类文化知识的公众号、APP 等都可以下载到手机，随时获取有趣又有料的文化知识。从第二课堂中大量阅读和广泛接触西方文化知识不仅可以弥补传统书本授课和课堂教学活动的不足，更能拓宽学生的视野，增加文化素养，从而提高跨文化交际的能力。

（三）教师能力素养的提升

英语教师是语言传播的使者，是文化沟通的桥梁。除了扎实的英语语言基础知识，高职英语教师还要有比较高的文化素养，了解熟悉说英语国家的文化成为两种文化差异之间的桥梁。这就需要英语教师自身广泛涉猎跨文化交际的各个方面的知识，例如不同国家的政治、经济、历史、宗教等，还要了解日常用语、专有名词、俚语、禁忌等能够反映跨文化的背景知识。因此，高职英语教师需要进行自我内涵的提升，不断地学习，涉猎不同国

家的文化。这就要求他们必须和学生一样，大量地阅读英语经典名著，历史书籍，视频影音等，广交外国友人，关注西方国家新闻动态，不断地提高自身的人文素质，不断地适应新时代下跨文化交际教学方面的要求。另外，在文化知识的教学中，教师既是文化知识的传授者，又是文化学习的引导者和示范者，是学生文化学习的重要伙伴。因此，教师在培养学生跨文化交际的能力的同时，自身的跨文化交际能力也会得到相应的提升。

新时代背景下，文化知识的教学对教师提出了更高的要求，教师在强调语言能力的训练和语言知识的传授的同时，更要掌握丰富的文化背景知识，在英语教学活动中有效地开展文化教学。从当前高职院校英语精读教学的现状来看，虽然存在着文化知识输入意识不强，教师文化水平有限等问题，但在教学中培养学生的跨文化交际的意识和能力仍具有较大空间和发展潜力。语言教学的最终目的是文化教学，提高学生的跨文化交际能力。因此，必须不断地创新和完善高职院校英语精读教学方法，注重在语言教学中文化因素的导入。

第四节　跨学科文化渗透下高职英语的教学实践

英语作为全球应用范围最广的语言，在高职教育中占据重要的地位。2000 年教育部颁布的《高职高专教育英语课程教学基本要求》明确指出“以实用为主，以应用为目的”的高职高专英语教学理念。目前，学生核心素养和综合素养的培育已成为教育的首要目的，其中跨学科文化渗透教学是提升学生综合素质的重要方式，对于提升学生学习兴趣，培育自主学习能力有重要的作用。在高职英语教学中通过跨学科文化渗透提升学生的跨文化交流能力，完善学生的知识构架也是英语教学的关键任务。

跨学科文化渗透是一种高水平、高层次的新型教学模式，其秉承以人为本的教育理念，意图通过学习迁移和内化，在多学科之间构建完善的知识体系。诸多国内外学者认为，跨学科教育实际上是多学科互帮互助的合作，对学生身心发展和完善人格有重要的作用。同时，高职高专英语教学《大纲》也明确指出，英语教学要使学生了解尊重其他国家的文化，要使学生理解热爱中国的文化；要使学生适应当下国际交流合作中的政治、经济、文化的需要。因此，高职高专的英语教学承载了培育学生英语兴趣，培养学生综合素养，提升学生社会适应力和竞争力重要的任务，而跨学科文化教育模式可以帮助学生开阔视野，锻炼思维，完善人格，实现育人的目的。两者结合不但可以提高学生的跨文化交流能力，完善学生的知识构架，推动整体教学地提升。

一、高职英语跨学科文化渗透的必要性

（一）顺应英语教育改革的潮流

过去我国的教育是唯分数论的应试教育，是缺乏对学生综合素质培养核心素养培养的

片面教育。高中英语新课标明确了英语教学有四个核心素养，分别是语言能力、文化意识、思维品质和学习能力。语言能力不仅是拥有牢固的英语基础语法知识，更是学生要拥有能够理解和表达他人意图，情感和价值观的能力。文化意识就是学生对中华和其他国外优秀文化的认识和认同。思维品质则是要求学生的思维要具有逻辑性、批判性和创新性。学习能力是指学生能够通过掌握良好的学习方式和良好的自我监控，实现自身英语意识的培养和学习效率的提升。而跨学科文化的教学模式在学生思维品质和学习能力的培养中可以发挥重要的作用。同时，跨学科文化渗透，尤其是在英语教学中渗透历史文化在学生文化意识的培养中发挥重要的作用。因此，在高职英语教学中渗透跨学科文化符合学生核心素养的培养。

（二）挑战传统教学模式，激发学生学习兴趣

在应试教育和唯分数论下形成了以教师为主体的"传—授"教学模式，学生被动地接受知识，英语教师教授的英语知识紧紧围绕着课本基础知识和学科基本知识进行讲解，例如在英语教学中，对听、说、读、写四个环节进行机械重复教学，单元模块化的对单词、语法以及枯燥无味的翻译和写作进行教学，磨灭了学生对英语的学习兴趣，限制了学生的想象力和创造力。跨学科文化渗透作为一种新的教学模式，可以有效地将知识融合，涉及众多学科。例如当前的英语阅读，其涵盖科技、科学、文化、经济、地理、娱乐、生活等内容，对于开阔学生视野有非常大的帮助，同时也能激发学生的阅读兴趣，将视野开阔与英语学习非常好地融合在一起。

（三）适应科研和社会发展需要

研究中，跨学科合作已经成大趋势。科学研究越来越具有组织化，研究的问题越来越全面综合，因此在科学研究对于复合型人才的需求越来越大。用某一单一的学科对问题进行研究只会片面地回答问题，学科封闭研究就犹如闭关锁国。就目前而言，英语在科学研究中发挥着重要作用，例如文献阅读和论文撰写。同时，英语专业也逐步与其他专业进行合作，例如英语与心理学进行项目合作，探讨语言与心理发展等。此外，随着中国国际地位的提高和经济地快速发展，中国国际化水平也随之提升，这也意味着在日常生活中各行各业都要提升英语水平，而英语工作者也要了解各行各业的知识，以满足社会对英语工作者的需求。

二、高职英语跨学科文化渗透现状

（一）跨学科文化教育意识薄弱

跨学科文化教育意识淡薄是目前高职英语跨学科文化渗透教学存在的重要思想问题。重专业，轻人文，重单一的英语词汇、语法、写作、听力等基本英语技能，轻英语跨学科文化意识和英语人文素养，导致高职学生只关注基本英语技能的学习以应付考试，而缺乏

英语知识的应用和英语文化的探究，因此培育的学生英语技能过关，但综合素养还需要进一步提升。

（二）跨学科文化渗透方式不成熟

在跨学科文化渗透中，传统的“传—授”型、灌输型教学模式是行不通的。尽管当前教育资源发达的高职学校已经有教师开始针对教材进行跨学科文化教学，并且也设计了相应的任务，但是大部分高职英语教师无法将英语教材内容很好地与跨学科文化教学融合一起，因此目前在高职英语跨学科文化教学仅浮于表面，满足于形式上的教学，尚未形成完善的跨学科文化渗透方式。

三、高职英语跨学科文化渗透实践

（一）提高跨学科文化意识

为了高职学生更好地与世界接轨，更好地适应社会，当前高职英语教育要着眼于英语在世界发展中的作用再重新审视当前我国高职英语的人才培育体系，是否符合当前社会发展的潮流和趋势，以此高职教师要明确高职英语教学目的。对于教师而言，教师要提高自己的眼界和思想，要从更大的格局看待高职英语教学，理解在英语教学中进行跨学科文化教学的目的和意义，从而树立跨学科文化意识。具体的措施有：邀请专家进入高职院校进行跨学科文化教育专题讲座和外派高职英语教师外出访问和学习跨学科文化教学模式等。

（二）建立英语跨学科文化教育团队

首先，高职院校在资金充足的条件下可以招聘英语跨学科文化教育专业教师。意识的转变和跨学科文化教学能力的提升都离不开实长期的实践和理论学习，然而这一过程需要时间的积累，因此可以采取聘员的方式，以其为核心组建英语跨学科文化教育团队。其次，增强高职院校内的英语教师跨学科文化教学水平。在专业教师带领下，开展培训、试讲等，形成专业英语跨学科文化教学模式。

（三）提升英语跨学科文化教学设计

跨学科文化教学方式当前还不成熟，在高职英语教学中渗透偏形式轻感受，与教材联系不密切，融入生硬，既不利于基本英语技能的学习，也无法提升学生的综合素质。因此要提升教学设计，将跨学科文化与英语教学更好地融合。

1. 利用关键词在导入环节进行渗透

在课程设计中，尽管导入环节不是课堂重要内容，但是也发挥了抛砖引玉的作用。通常在英语导入环节，教师会采用观看视频提问问题、做游戏等形式进行课堂导入，营造愉快的英语学习氛围。但是诸多英语教师会为了赶进度或者急于讲知识往往忽略导入环节，对于可以进行跨学科文化渗透的知识更是一笔带过。因此教师在认真解读课本基本知识，将课本中关键词进行跨文化渗透，让英语知识变得有趣而新奇。例如在高职英语第二册第一单元 unit 4《I've tried all the means of transportation》，教师通过提问问题“Which means of transportation do you take when you go to school?”来引出交通方式，通过 match 的游戏让学生对交通工具有直观的认识。此处教师可以提问“What is the most convenient means of transportation in China？”，围绕交交通工具引出高铁，介绍一下高铁的最快时速和目前我国高铁的建设情况，进而丰富学生的知识。

2. 在课堂任务中渗透话题

课堂任务是增强师生互动，活跃课堂气氛，鼓励学生积极参与课堂的重要环节。诸多英语教师将课堂任务环节视为检验学生学习情况的环节，忽视学生在其中的跨学科文化渗透。此外，英语教师错误的将跨学科文化渗透限制培育学生的跨文化意识，即仅关注学生对东西方文化差异的了解等。因此在任务环节无法涉及跨学科文化渗透以及片面地继续跨文化意识教育。事实上，在任务环节，教师要创设出适合进行跨学科文化渗透的语境。还是以高职英语第二册第一单元 unit 4《I've tried all the means of transportation》为例，教师通过设置不同的情景，比如设置不同的目的地城市让学生选择交通工具，并且说明理由。在这一任务过程中，学生首先要明确目的地在哪个国家或者哪个省份，这时教师就需要渗透世界和中国地理知识，比如省份的分布以及交通干线等，掌握了目的地的位置后则可以根据路线制定交通方案，用英语描述选择的交通方式和路线。

跨学科文化渗透教学是高职英语教学的重要组成部分，跨学科文化教学与英语的融合对学生视野的开拓、身心的健全都有重要的积极作用。在高职英语中进行跨学科文化渗透不仅仅有利于激发学生的兴趣，同时也服务了其他各个学科。在未来的高职英语教学中，跨学科文化渗透还有很长的路要走，增强教师的跨学科文化意识刻不容缓，组建专业跨科学文化教学团队，设计完善的教学教案，以提升目前在高职英语教学中的跨学科文化渗透。

第五节 基于跨文化交际能力调查的高职英语教学

美国心理学家斯班瑟 1993 年较完整地定义了素质，即能将某一工作（或组织、文化）中有卓越成就者与表现平平者区分开来的个人潜在的深层次的特征。职业院校进行文化素质教育的重要性和必要性已经得到社会各界的广泛认可，文化素质教育的中心是人文素质教育。人文素质教育包括的方面广泛，不同学科老师从不同方面进行阐释解读并提出教学对策，在英语教学领域引起语言教师关注的是学生跨文化交际的能力和素质。

教育部高等教育司在 2004 年的《大学英语课程教学要求（试行）》中指出：“大学英语是以英语语言知识与应用技能、学习策略和跨文化交际为主要内容，以外语教学理论为指导，并集多种教学模式和教学手段为一体的教学体系。”这是对大学阶段英语教学提出的要求，其中把跨文化交际作为大学英语教学的主要内容之一。跨文化交际指本族语者与非本族语者之间的交际，也指任何在语言和文化背景方面有差异的人们之间的交际。通俗来说就是和外国人打交道应该注意什么问题，应该如何得体地交流。跨文化交际能力是高职生在国际化环境下必备的文化素质。

随着中国经济的高速发展、改革开放的进一步深入和国家间交流的日渐加深，国际化的背景日渐加强，这对民航员工的英语跨文化交际能力提出较高的要求，也对民航高职院校的英语教学提出了比较大的挑战。

针对现状，本研究调查高职学生跨文化交际能力现状及存在的主要问题，并进行相应的教学改革创新，旨在促进学生在工作岗位上的可持续发展，弥补高职高专英语教学过于追求实用性、对人文性重视不够的不足。

研究开展采用了问卷调查、测试量表、深度访谈等形式，应用 SPSS 软件进行数据分析，了解学生在跨文化交际方面的现状。共在本校 2016 级民航运输专业学生中发出问卷 201 份，回收问卷 199 份，有效地问卷 199 份。

调查和访谈的理论基础方面，主要采用了拜勒姆（Byram）的跨文化交际能力理论，主要涵盖态度、知识和技能三要素。测试量表参考了费小佳的跨文化意识测试量表，并根据民航工作岗位的实际情况做了适当修改，对一些有争议的题目做了删减和更换。测试有非语言交际和语言交际两个部分。第一部分非语言交际有 15 道题目，第二部分语言交际有 19 道题目，满分 34 分，答对得一分，答错不得分。学生在规定时间内完成问卷并上交。在对有效地测试量表进行批改时得出各部分的分数和总体分数之后，利用 SPSS 分析数据的平均分和标准差，同时分析学生的英语应用能力 A 级考试分数和测试量表分数的相关性。

调查结果主要呈现为以下三个方面：

一是学生的跨文化交际能力普遍比较弱。在总分 34 分的情况下，199 名学生里面最低分 11 分，最高分 30 分，总平均分为 22.25 分，这表明受试者总体跨文化交际能力比较弱。而反映成绩离散程度的标准差为 15.04，受试者的分数参差不齐，差别较大，这反映了高职学生跨文化交际能力的参差不齐。

二是受试者英语语言综合能力与跨文化交际能力正相关。由于英语应用能力 A 级考试是全国性水平测试，测试的几大模块包括听力、语法词汇、阅读、翻译和写作，具有较高的信度和效度，因此，本实验中受试者的英语语言综合能力采用 A 级成绩作为参考和代表；受试者的跨文化交际能力则以费小佳的跨文化意识测试量表的成绩作为参考和代表。数据显示，受试者的英语语言综合能力与跨文化交际能力之间 R 值情况为：$1 > R=0.327 > 0$，表明英语语言能力与跨文化交际能力变量存在正相关。同时，$P=0.018 < 0.05$，可以得出结论：学生的英语语言综合能力与跨文化交际能力正相关，英语语言综合能力强的学生，通常在跨文化交际活动中表现卓越。

三是本研究还对学生进行了调查访谈，在调查访谈中，问到是否对西方文化或英美文化感兴趣的话题，69% 的学生表示很感兴趣，20% 兴趣一般，11% 没兴趣。90% 的学生没有出国学习或旅游的经历并渴望有出国接触异域文化的机会。80% 的学生认为自己对英美文化的认知主要来自电影，尤其是美国电影，比如《肖申克的救赎》《阿甘正传》《终结者》

等。从访谈结果可以看出大部分受访者对英语学习还是有兴趣和热情的，对西方文化知识的兴趣则更浓厚。随着信息化技术的进步，学生能够充分接触到原汁原味的英语学习素材，并且大多能意识到这些资料对英语学习的益处。但是，学生听歌或看影视作品的主要目的是娱乐消遣，没能全方位、多途径、有意识地利用真实的语料辅助英语学习，了解英语文化。

英国语言学家拜拉姆提出的 ICC(intercultural communicative competence) 文化教学模式兼顾语言学习、语言意识、文化意识和跨文化视角四个互相关联和支撑的要素，在教学理念、教学目标和教学策略方面对大学英语教学有着良好的启示。针对学生跨文化交际的现状，基于拜拉姆提出的 ICC 文化教学模式，我们在教学上做了以下改革和创新。

在语言学习方面，大力推进信息化教学，提高学生学习兴趣，利用信息化平台提供多种类、多层次的文化教学资源，让不同英语水平的学生能各取所需，解决学生水平参差不齐的问题。

信息化教学设计使用的教学手段和资源主要包括微信公共平台 Wechat、基于网络的教学平台 Web-based English teaching platform、微课 Microcourse、多媒体教室 Multimedia classrooms、QQ 讨论群 QQ discussion groups、网上资源 Resources online 等。老师课前在学校英语自主学习中心教学平台上传微课视频、课文对话录音、词汇表，同时通过微信群和 QQ 群上传这些资料。视频音频和词汇表为学习者在课堂的有效地输出提供语言输入。

实践证明，信息化教学强化了课堂教学效果，实现了预定的教学目标，做到了以下几个方面：课上交流分享，实现意义建构；教学平台提供微课资源，保证语言输入；微信 QQ 群分享拓展学习时空；多媒体辅助单词记忆，优化学习过程；手机 APP 提供练习平台。

信息化教学提供真实语料的输入，提高了学生的学习效率，提高了学生的英语语言能力，为跨文化交际能力的发展打下了坚实的基础。同时，信息化技术发展为真实的跨文化交际打开了方便之门，学生随时可以访问 Twitter 和 You Tube，通过即时通信工具或电子邮件与英语国家学生进行交流活动。

将语言作为一种社会现象学习，加强文化内涵词汇的学习。

老师在课堂上提示词汇或者习语的文化内涵，对于有文化内涵的词汇，不仅要让学生知道表层意义，还要补充与之相关的文化背景知识。比如讲到 Lucky dog(幸运的人) 这个词语时，可以做适度的延伸：中国和英国人民都有养狗的习惯，但是对狗有不同的看法，中国人常常用狗形容和比喻坏人坏事，比如“狗腿子”“狗仗人势”“狗眼看人低”“白狗子”，等等。英国人大都喜欢狗，认为狗是忠诚的朋友，英语中有很多关于狗的俗语，大部分都没有坏的意义。比如，Big dog 喻指“要人、大亨、保镖”，Sleep a dog-sleep 喻指“睡睡醒醒地打盹；抽空睡一会儿”，An old dog barks not in vain(老狗不乱吠) 这条谚语比喻老年人做事有经验。

发掘教材中涉及的英美文化或西方文化知识，适当讲解，进行母语文化和目标语文化的对比分析。英语教学的文化背景知识的传授应遵循有度原则，语言知识讲到哪里，文化知识就诠释到哪里。笔者所在学校使用的《新视野大学英语》教材涉及英美国家节日文化、婚恋观、常用手势语、聚会礼节、说话的音调和频率、时间观念、身体语言、眼神交流、道歉、借用东西、称赞等方面。比如《新视野大学英语》第一册的 Unit 1 介绍了美国人的时间观，Unit 3 介绍了美国人的家庭婚恋观及美国人不拘小节的个性特征。遇到这些单元时，教师可以有意识地发掘、介绍其中涉及的文化背景知识点。需要指出的是，在文化知识的传授中，应注意避免在课堂上过度地使用文化材料，对外语学习造成心理负担。

培养文化意识，通过跨文化的体验使学习者具备跨文化视角。

跨文化意识就是对于与本国文化有差异或冲突的文化现象、风俗、习惯等有充分正确的认识，并在此基础上以包容的态度予以接受与适应。跨文化意识的培养对将来要从事民航服务业的民航高职学生来说尤其重要。

根据学生将来就业岗位的需求，构建文化语境，在文化语境中培养文化意识。真实的文化语境仅存在于目标语国家，这里的构建是一种模拟现实的心理构建，在课堂上给学生提供职业场景，让学生在环境中进行角色扮演、解决冲突等练习。根据民航服务岗位的需求，可以设置类似以下这样的情景：接待远道而来的英美客人；在航班上给外国乘客赠送礼品；因为天气原因航班延误，导致乘客大批滞留，负责给客人解释等场景。

在此过程中，学生能把学到的文化知识运用于实践，深刻地感悟文化内涵、提高文化敏感性，促进知识向能力的转化，切实增强跨文化意识和跨文化交际能力。比如，“您旅途辛苦了”“您一定很劳累吧”等中国特色的关心，常会令英美人觉得不适、尴尬甚至反感。对远道而来的客人，不如简单说一句：“Did you enjoy your trip？”一般在安检或者值机完成后，工作人员会对乘客说“再见”“请慢走”之类的话，若用英语对外国乘客说：“Please walk slowly！”则会使听者感觉迷惑甚至感受是在命令他，这个时候不如说一句：“Take care.”或者“Have a nice day.”

英语老师在课堂上具备双重文化身份，既是汉语文化背景的成员，又谙熟英语文化，是英语文化的传授者。在帮助学生加深对文化的理解，领悟本国文化的同时，还要理解别国文化，这样学生才能够欣赏多元文化，与操本族语者进行有效地交际。

给学生提供语言环境进行英语交流，创造跨文化交际的环境。

建设校园文化，举办多种多样的活动，如：异国文化系列讲座、英语演讲比赛、英语辩论比赛、英文歌曲大赛、英语电影配音大赛、英语写作大赛、英语诗歌朗诵比赛等。丰富多彩的语境活动为学生营造了良好的外语实践氛围，提高了学生学习外语的热情。

提高学生跨文化交际能力的最好方法是进行真实的跨文化交际，虽然多数学生不能直接与英语国家的人进行面对面的交流，但要为学生多创造这样的机会。充分发挥英语为本族语的外籍教师在语境教学方面的优势。某校在涉外专业开设外教口语课，邀请外籍教师参加学生社团活动、担任英语演讲等比赛的评委，让外籍教师在生活中尽可能多地跟学生接触，并计入教学工作量。

为了强化学生的跨文化交际能力，在留学生教育中积极实施“民心相通”基础工程，在英语口语能力好的优秀中国学生中挑选一批留学生助理，与留学生结伴交心，留学生助理作为跨文化交际的实践者，在课堂上和大家分享心得感受，极大地提高了学生学习英语的热情。同时，为留学生增设了中国文化与汉语课，并在两个校区分别举办“文化交流节”。通过多种形式的文化交流活动讲好中国故事，让留学生们更好地体验中国文化，增强对我国的了解和认同。

小说和剧本反映现实，含有丰富的外语语境知识，学习者若能阅读小说和剧本原著，可有效地丰富外语语境知识，强化外语表达法在真实语境中的运用，提高语言运用能力和跨文化交际能力。老师推荐系列西方经典作品，比如《圣经》。《圣经》是人类历史上最重要的典籍之一，对西方的文化产生了深远的影响，《圣经》为西方文学提供了丰富的意象，也为人们对这些作品的解读提供了极大的帮助。阅读《圣经》不仅能使学生领略英语语言的风采，更能提高对有文化内涵词汇的认知，提高文学欣赏水平。通过布置任务和作业的形式请学生观看《喜福会》《刮痧》《我的盛大希腊婚礼》等电影，并开展小组讨论、案例分析、报告陈述等教学活动，真正做到以科研促进教学，开展课堂教学创新，提高课堂教学质量。

拓宽教学场景，把教学延伸到教室和校园之外。我们还与校外企业建立合作关系，如定期邀请机场工作人员到学校做讲座，担任实训指导老师；运输专业和安检专业的学生到机场的国际值机、国际安检通道、国际中转等柜台学习实践，真正实现在做中学，在真实场景中练习英语，提高跨文化交际能力。

跨文化交际能力的培养在外语学习中十分重要，但是高职学生在这方面比较欠缺。教学改革和探索的目的在于培养学生的跨文化交际意识，构建心理文化语境，实现英语文化语境的补缺，提高真实语境中的跨文化交际能力，促进学生人文素质的进一步提高。

第五章　跨文化背景下高职英语教学创新研究

第一节　高职英语教学中渗透跨文化交际语境

在高职英语教学中渗透跨文化交际语境，是高职英语教学的重要内容。学生了解了跨文化语境才能提高自身的英语交际能力。本节对中西方文化交际语境的不同进行分析，着重阐述高职英语教学中应该向学生渗透的跨文化语境的内容，希望能给高职英语教学提供参考与借鉴。

不同文化背景下人们在交际与交往中会产生一些冲突，这些矛盾与冲突产生的原因通常是因为跨文化交际语境不同。因此彼此了解跨文化交际语境，是解决矛盾与冲突的重要途径。在高职英语教学中渗透跨文化意识，目的在于培养学生对不同背景文化的敏感性，为将来与不同文化背景的人进行交际奠定基础，提高英语交际能力。渗透跨文化交际语境也是高职英语教学的重要任务。

一、让学生了解中英文化的不同

（一）让学生了解中西方习俗的不同

中西方习俗的不同，导致交际过程中双方可能出现不理解、意见不一致的情况。所以，在高职英语教学中要注重渗透这方面的知识，了解中西方习俗的差异，以便更好地进行英语交际。如中西方见面打招呼是不同的。中国人熟人见面之后通常问对方吃饭了吗，要去哪里。但是外国人见面的问候语不同，陌生人一般用“How do you do？”，熟人见面一般用“How are you？”等。英国人喜欢以聊天的形式作为见面打招呼的方式。中西方在称呼方面存在差异。中西方在接受表扬时的表现不同。外国人在受到别人赞扬时，往往会表示感谢“Thank you！”，而中国人则比较谦恭，常常表示谦虚。中国人的过于自谦，与西方人进行交际中往往会产生一些障碍。再是中西方的隐私范围不同。一个人的家庭、婚姻、财产、收入等情况，西方人把这些视为隐私，与人见面聊天一般不涉及这些内容，所以与西方人进行交谈时要特别注意这些方面。

（二）让学生了解中西方思维方面存在的差异

思维方式的不同是文化差异的集中表现。东西方的思维方式有所不同。东方在思维方面特别注重人文、伦理、道德的范畴，西方人则比较注重自然、科学、技术等。东方人重直觉、悟性、意象，而西方人重理性、逻辑、实证等。从总体性格上讲，东方人好静、内向、守旧，而西人则相反，他们好动、外向、比较开放。西方人善于恭维他人，而中国人面对西方人的恭维则无所适从，中国人对称赞总是非常的谦卑。这些思维方式的不同，教师在教学中过程要进行有机的渗透，让学生有比较全面的了解。

（三）让学生了解中西方词汇内容的不同

构成语言的基本要素是词汇。中西方文化在词汇方面表现得尤为突出，无不打上民族的烙印。在颜色方面，中西方就存在很大差异。在中国，红色是热烈、吉祥、喜庆的象征，在西方红色则代表生命、爱情、激情，红色有时还含贬义；黑色在中国文化中代表着庄重，也含有贬义，黑暗、邪恶之义，在西方多属贬义，常与不好的、邪恶之义相联系；白色在中国往往象征死亡，而在西方则代表纯洁无瑕；黄色在中国代表吉利，有“黄道吉日”之说，也含“落空”之意，如“生意黄了”。在西方黄色含有不吉之意，如“yellow dog”卑鄙的人；绿色在英语中常常意指嫉妒，在汉语中表示嫉妒的词是“眼红”。总之，中西方文化中对颜色赋予的含义不同，在交流与交际中往往会出现矛盾与冲突。教师在英语教学过程中要注重渗透这些寓意，提高学生的英语交际水平。

（四）让学生了解体态语含义的不同

体态语是语言交流的重要组成部分。同一个体态，中西方却具有不同的含义。如西方人在路边伸出拇指表示要搭车，在中国跷起大拇指则表示赞扬；在中国用手指叩太阳穴表示仔细思考，在西方则表示“You are crazy！”；中国人坐着抖动腿部或者脚跟，表示悠然自得，而英美国家则认为是坐立不安；在东方文化中讲话中盯着别人认为是不礼貌的行为，而西方人讲话时如果盯着其他地方，则是不诚实的表现。

二、了解英美文化背景知识

学习英语要了解英美文化背景知识，这也是避免产生矛盾与冲突的重要途径。如可以引导学生了解中美文化的典故，如 crocodile tears 字面意思是鳄鱼的眼泪，意思是假慈悲。像类似的典故，都要让学生多接触与理解。例如，西方对于死亡也有委婉的说法，常常用 pass away，pass out，depart to God 等表示死亡。此外，英语中还有与相貌、年龄相关的委婉语。英语中通常用 elderly 或 senior 表示“老年”，用 of a certain age 表示“中年”。表示某人很丑，也不用 ugly，通常用 plain 或 ordinary。为了表达对某些职业的尊重，英语对清理垃圾的人称为 sanitation engineer 等。

综上所述，在英语教学中渗透跨文化交际语境是高职英语教学的重要内容。在教学中教师要引导学生进行中西方文化的对比，让学生对中西方文化的不同有较全面的了解，促进学生跨文化意识的形成，提高学生的英语交际能力。

第二节　跨文化传播视角下高职英语教学

语言是文化的载体，不但具有自身的符号特征，还承载着文化意义，是文化内容的构成。王逢鑫编著的《英语文化》对语言和文化的关系提出了独特的见解，其认为语言不仅是由句子、词汇和声音构成，还是科学及艺术等符号构建而成的更具广博性的语言。也就是说，语言是有着丰富文化内涵的词汇、语法及语音的系统组合。可见，英语教学的过程也是其文化传播的过程。高职英语教学应注重语言的文化展现，在体味文化特征的基础上实施教学，并在教学中去感悟和体验英语所展现的文化内涵。

一、高职英语教学与跨文化传播的内在性

在跨文化传播中，语言是其传播的要素之一。《英语文化》一书对文化与语言的内在联系进行了深入地分析，指出文化因语言的形成及发展才得以传承和产生，任何文化都必须具有语言的内涵，任何语言也必须具有文化的特征。所以说，英语是一个符号系统，是其文化的一种反映和传播的途径，是文化的构成部分。《英语文化》一书从广义上概括了文化和语言的关系，即文化包含语言。语言能够将文化同环境、自然联系起来，对人们的社会活动进行协调和组织。同时，文化也对语言时刻发挥着影响作用，是语言发展及形成的动力源泉。语言是文化的写照和载体。从群体上看，语言是对文化的反映，文化对语言的使用具有决定作用。事实上，语言和文化都离不开传播，文化和语言、传播共同构成了人类庞大的活动系统。语言是文化传播的一种模式，而文化又构成了传播环境，使语言在此传播环境中进行传播，这种环境又称为语境。文化对语言的使用和传播效果发挥着重要影响。

由此可见，语言、文化及传播间是一个动态化的过程，文化是传递语言信息的一种环境而非语言。这种传播过程依赖于文化和语言，并促进着文化和语言的交流及学习。所以，在高职英语教学中，其跨文化传播的特征及重要性更加凸显。

《英语文化》一书，为英语教学提供了良好的教学思维方式，不管是对英语学习的目标、内容、方法还是模式，都提出了较为独特的见解。在传统的英语教学中，教师为主导，教学模式主要是教师的讲授，该教学观念的客观性较强，认为将非情境化的客观存在的知识传授给知识接受者便是教学。这种教学方式非常注重教学知识的获得及概念的获得，对知识接受者的成绩非常关注。在这种教学模式中，课程是设定的和静态化的，教师在课堂教学中具有绝对话语权，教师向学生灌输知识，学生被动地接受知识。《英语文化》一书认

为在传统的英语教学和学习中，对语言的文化性不够重视，教学中不能注重学生和教师的平等交流和沟通，传授的仅是知识，而非文化。也就是说此种教学方式中，教师和学生间缺乏平等的对话交流，缺乏平等互动。从高职学生培养目标上看，传统的教学模式只是一种记忆任务的完成，对学生实践及应用能力的培养难以发挥作用。此模式下的学生缺乏自主学习能力和学习的主动性，也不注重教学中社会文化性、情境性及构建性等认知的培养，造成学生缺乏创新能力、探究能力和实践能力。

《英语文化》一书对英语和文化关系进行了详细的论述，值得英语教学者阅读。阅读此书，不但能够从教学手段上和教学设计上打破传统的思维模式，还能够在教学目的及评估上获得独特的启发。传统的高职英语教学多是通过录音机、黑板、粉笔及教材等实施教学，教学方法及组织方式都较为单一，填鸭式、讲授式的教学方法也使课堂教学缺乏趣味性，难以调动学生的积极性，难以满足学生个性化需求及培养目标，教学效果较差。同时，教学设计较为程式化，对教学的规律性及客观性较为重视，设计均为线性化和序列化的方式，缺乏知识内容的多样性、互动性和情境性的特征，更忽视了学生的参与性和教师的灵活性及创造性。单一的教学评估指标，忽视了学习过程及个体差异和能力的评估，注重知识的记忆及内容的掌握，评估手段较为简单，分数是其主要评估标准。这种教学模式已经难以适应当前的人才要求及社会发展需求。

二、跨文化传播下高职英语教学内容

《英语文化》一书之所以具有较强的阅读价值，是因为作者深刻地认为，任何一种语言的学习都是一种文化传播的过程，而学习这种语言的根本目的是用于文化交流和沟通。在此传播和学习中，学生是主体，跨文化传播的高职英语教学目标应体现在跨文化交际能力及语言能力等方面。即高职英语教学中应注重语言的应用及知识的学习，文化教学应注重文化交流和文化知识的学习，而培养跨文化交际能力则需要注重其跨文化的交际时间、交际能力和文化意识等内容。在高职英语教学中，应利用学习英语语言文化和语言，掌握并理解英语的语言知识，能够应用英语进行交流沟通。当然，在英语学习中也应对母语进行反思，了解文化构成、发展及作用的规律和语言规律，掌握语言同文化及社会间的关系，通过语言交流来体验文化内涵，从而反思母语文化，将二者进行比较，体验文化间的差异并培养感知此差异的敏感性，且在英语教师的指导下，解决在跨文化传播中存在的文化误解及冲撞等问题。

《英语文化》指出，语言及文化知识是英语学习的基础，文化交流和语言的应用为英语学习提供了较好的体验及实践机会，在英语实践和学习中培养跨文化意识，并为此实践交流及知识学习提供了良好的思想准备，且在跨文化交际实践中提高学生的跨文化交际能力。但是，在此教学及学习交流实践中，应注意避免出现中、西文化失衡的问题，或出现本族文化失语的现象，即片面地注重输入西方文化，贬低或忽略母语文化。

在全球化背景下，国际的文化交流和对话更加频繁，而我们在此交流对话中却失去了平等对话的能力，致使英语学习者难以在跨文化交际中应用英语展示我们的民族文化，这也是英语学习及跨文化传播的大忌。同时，还应注意在高职英语教学中不能割裂文化同语言的关系而机械、孤立地进行文化及语言教学，应将二者有机结合。语言是文化的内容，其自身蕴藏着丰富的文化，不管是句法、词汇还是语音都蕴含着文化内容，也是文化的一种反映，而文化则是语言使用和存在的环境，二者统一为一体而不能分割。学习语言必然是对其文化的学习，文化为语言学习创造了真实环境，二者互为手段及目的。所以，在英语教学中，必须将语言教学纳入真实而丰富的文化教学内容中，让学生能够学到活的语言，真正体味到文化的内涵，享受学习过程。

三、跨文化传播环境中高职英语教学原则及方法

跨文化传播环境中，高职英语教学应遵循语言教学同文化教学相结合、文化教学平衡性原则，同时还应依据培养自主学习能力及互动性的原则。在英语教学中，学生是教学的主体，所有英语教学活动都应以学生为中心，以学生的需求及兴趣来设计教学内容及教学模式。在跨文化英语教学中，培养学生的跨文化交流、沟通能力是高职英语教学的主要目标之一。所以，设计高职英语教学内容时，应考虑学术学习文化及语言的体验、需求、态度及能力等因素，以学生为中心进行因材施教，向学生提供个性化的教学方法。

自主学习是指学生在学习中能够对能力及愿望作出独立的选择。学生能给自己提供学习机会，而不是简单地针对教师提供的多种刺激作出反应，被动地去学习，而是积极主动地去促使学习的过程。在跨文化英语教学中，必须注重学生的自主学习能力，培养学生终身学习的思维，加上跨文化学习的内容非常庞大和丰富，仅靠教师的课堂传授还远远不够，为此，应注重培养学生的学习能力，这种持续发展的学习能力则会使学生受益终生，也能使其更好地实现学习目标。

互动性原则是指英语文化与语言间的互动性，即西方文化同中方文化之间的互动性，这种互动性还体现在教与学两方面。高职英语教学应以发展的眼光去对待文化和语言，二者是互相交织的，是动态的。因此，英语的跨文化教学传播也必须与时俱进，实现互动发展。中国文化和西方文化是互动共存和平等对话的关系，特别是在全球化背景下，这种互动共存的文化特征更加凸显，英语教学也必须遵循此规律，使其与中国文化相互促进发展。

《英语文化》认为英语学习应注重其文化性，然而当前的英语直接法、语法翻译法、交际法、听说法及认知法等常用的教学方法中，都忽略了文化的重要性，如语法翻译法，其主要是分析语法、阅读原则和翻译原著，并以此训练学生心智，培养其阅读能力。该教学方法的优点是学生能够清晰地理解语法概念，培养较强的阅读能力、写作能力和翻译能力。但学生的语言交际能力则被忽略，语言应用能力较低。直接法则是通过直接应用、学习应用，在学习中不应用图画、动作及母语中介等手段直接实施教学，这种教学注重实践，

较为直观，能够显著提高学生的口语能力，但极易导致学生忽略外语同母语间的差异，尤其是忽略二者间的文化差异。不管上述哪种学习方法，都不能很好地体现出文化环境的内容，不能体现文化的特点，也即是此教学方法极易将语言同文化相隔离，只是孤立地传播语言而已。

第三节　跨文化素养教育与高职英语语言教学的融合

在当前社会发展中，各领域的快速发展使各类文化之间交流逐渐频繁，跨文化交流成为社会经济发展的必然趋势，快文化素养教育得到社会各界的充分重视。学校作为人才培养的重要场所之一，需要对跨文化教育有充分地了解，才能培养出大量专业型人才。本节对高职院校英语语言教学现状进行分析，结合高职院校英语语言跨文化素质教学要点，提出跨文化素养教育在高职英语语言教学中的融入策略。

英语在国际经济发展与交流中发挥着重要的作用。随着经济一体化时代的来临，经济的发展促进了英语教育事业的发展，增加了各国之间的文化交流。在高职英语教学过程中，为了培养学生的跨文化思想，需要把跨文化素质教育理念运用到高职英语语言教学中，培养学生的跨文化交际能力。

一、跨文化素养教育在高职英语教学中融合的意义

（一）调动学生的学习积极性

语言是一个国家乃至一个民族文化的重要体现形式。学生要想学好一门语言，除了学习相关的语言知识外，还要对该国家的文化背景、风俗习惯有深入地了解。在高职英语语言教学过程中，把跨文化素质教育理念运用其中，能够让学生摆脱传统教学模式的束缚，丰富学生的语言文化知识和底蕴，让学生在学习英语的过程中，对西方国家语言文化、历史背景和风土人情等文化差异有充分的认识。通过加强文化教学，不但能够有效地提高英语教学的趣味性，更能培养学生良好的学习意识，激发学生的学习兴趣，给学生今后的英语学习奠定扎实的基础。

（二）提高学生的英语语言能力

首先，英语作为一门语言性学科，以听读说写为主。教师比较注重学生语言应用能力的培养，具体体现在培养学生能在特定文化背景中流畅交流的能力。其次，跨文化素质教育让学生通过学习语言文化，创造良好的学习环境，真实感受语言学习内容，提高英语表达能力。此外，让学生在特定语言环境下学习英语知识，不但可以锻炼语言能力，而且可以提高英语语言素养。某院开展职业素养课程时，尤其注重学生语言文化素养的培养。除了正常的英语课程以外，学院还利用早晚自习，组织各类英语朗诵和演讲活动。邀请外教

开设英语文化讲座，受到学生的一致好评。

（三）为未来职业发展奠定沟通基础

语言作为民族文化的体现形式，各个国家民族文化有所不同。在跨文化交流中，我们需要对各个国家文化内容有充分的了解，并且明确各个文化之间的差异，让交流活动能够有序进行。因此，在高职英语语言教学过程中，把跨文化素养教育理念融入其中，便于学生加深对汉语与英语语言文化之间差异的了解，帮助学生更好地培养跨文化交流能力，加强对跨文化的认识，为未来的职业发展奠定良好的语言和文化修养基础。

结合当前高职院校英语语言教学情况，高职英语教学比较注重英语知识和英语技能的培养，不注重跨文化素质教育，导致高职英语语言教学存在诸多问题，影响教学效率和学生的未来职业发展。

受到传统教育理念的影响，在高职院校英语语言教学过程中，大部分教师比较注重英语词汇及语法教学，不重视在英语语言教学中各个教学情景的设定，导致学生在知识学习中比较关注词汇和词语的表达，忽略西方语言文化特点和语言差异，给学生今后步入社会进行跨文化交流带来直接影响。

教学模式单一具体体现在以下方面：在实际教学过程中，部分教师传统教学理念比较重，将自己当作教学主体，不注重对学生学习自主性和积极性的培养。在高职院校英语语言教学过程中，多数教师依旧采取灌输式教学模式，按照自己的思路让学生跟随自己的步伐被动学习，这种教学方式不但不能调动学生学习积极性，反而会让学生形成特定的学习思维，阻碍学生思维发展，甚至会影响学生的语言交流。

在高职院校英语语言教学过程中，教学内容往往以教学材料为主，教学材料不仅具有一定的局限性，而且部分教学材料内容脱离实际生活，不能满足现代化教学和学生发展要求。在这种情况下，高职院校毕业生的英语交流能力较弱，不具备灵活应变的语言文化技能。

二、高职英语语言跨文化素养教育要点

（一）培养目标

目前，大部分高职学校在英语语言教学过程中，比较强调英语教学的实用性，这是当前高职院校人才培养主要目标之一。让学生了解各国文化之间的差异，培养良好的国际意识，形成跨文化交流能力，是当前高职院校英语语言教学的重点内容。文化融入的主要目的是让学生了解各个国家之间的文化差异，通过和不同文化的交流，加深对各国文化的理解，把握各种文化的差异和基本特点。除了要求学生及时找出文化差异之外，还要明确文化之间的共同点。在初步文化融入过程中，部分学生会感到一定的不适应。这是文化差异导致的不良反应。在跨文化素质教育融入过程中，需要缓慢进行，为高职院校学生毕业后的文化交流打下良好的基础。除此之外，在高职英语语言教学过程中，将跨文化素质教育

融入其中，能够让学生跨文化交流技能得到提高。中国对外开放力度逐年增长，对跨文化交流提出了更高要求，需要更多人员具备基本的跨国交流能力和意识。当前高等教育培养体制下，不但需要在学校开设跨文化教育课程，而且要在校企合作的企业中设立跨文化技能培训机构，为跨文化素质教育发展提供更加有利的条件。

（二）建设方向

语言不仅仅是一种知识，更包含丰富的文化素养内涵。大部分教育学者认为，跨文化素质教育的融入是传统英语教学和现代英语教学的根本区别之一。换句话说，跨文化素质教育在高职院校英语语言教学中应该占据更重要的地位。语言和文化相辅相成，英语语言宗旨不仅在于教导学生如何熟练运用英语语言。教师在英语教学中需要把文化教育作为核心，让学生了解各个国家之间文化的差异。教师需要把跨文化交际能力培养作为教学宗旨之一，让学生对文化差异和文化沟通有较强的意识，注重文化素养的培养，以语言实际应用为教学基点，设计一套完整的教学方案，培养学生的跨文化交际能力。除此之外，还应该向学生讲解英语母语国家的风俗习惯、地域文化，提高学生的跨语言交流能力，奠定学生扎实的英语基础。教师扮演着指导者的角色，是实现跨文化素质教育的实施者和组织者。在此过程中，教师需要全面提高综合素养，不断地学习跨文化知识，丰富教学方法；在培养学生跨文化交际能力的同时，创新教学模式。在实际教学过程中，高职院校英语教师应该将教材内容融入跨文化知识，让学生逐步了解，不可急于求成。需要采取引导教学、互动教学、合作教学等多种模式，全面激发学生跨文化交流的欲望，通过比较英语语言国家文化和本国文化的差异，加深学生对跨文化英语词汇和篇章的了解，提高学生跨文化英语语言应用水平和跨文化素养。

三、跨文化素养教育在高职英语语言教学中的融入策略

部分人对跨文化认知比较少，对其意义和重要性更是不够重视。部分人认为，只要掌握了基本的英语语言技巧，就能够熟练运用语言。但是仅靠常识和主观意识，在面对文化差异的过程中会遇到各种困难，并且难以及时处理这些困难。每个语言都具有特殊性质，学习语言、词汇只能掌握基本的技能，并不能熟练地将其运用到实际生活中。换句话说，学会了英语也未必能够和外国友人流畅交流。因此，在高职院校英语语言教学过程中，需要培养学生的英语实际应用能力，让学生对以英语为母语的文化有充分的了解，才能灵活运用英语语言，这也是跨文化素质教育背景下高职院校英语课程体系的核心目标。

（一）更新教学理念，明确跨文化素养教学的意义

在高职院校英语语言教学过程中，教师作为知识的传教者与领导者，其教学理念将会给学生学习发展带来直接影响。在实际教学中，为了贯彻跨文化素质教育理念，教师需要转变教学理念，让学生在学习基本的英语知识的同时，了解更多的英语文化，增强学生的文化意识，提高学生的英语语言交流能力。为此，教师首先需要全面提高跨文化素养，强

化跨文化意识。只有对中西方文化差异有较充分的理解，才能保证教育工作顺利进行，让学生深入学习更多的西方文化知识，提高跨文化素养。除此之外，在实际教学过程中还需要强化学生的跨文化意识，一方面，根据教材内容进行文化交流，让学生在学习语言知识的同时，对西方国家文化背景有充分的了解。另一方面，教师需要根据学生的学习兴趣和特点，以学生感兴趣的内容为切入点，为学生创造不同的语言环境，注重学生文化差异敏感性的培养，提高学生欣赏文化差异的兴趣。

（二）更新教学方式，创造跨文化教学环境

课堂教学作为学生学习的重要场所，课堂教学的有效地性将受到教学模式的影响。目前，部分教师采取的教学模式比较单一，缺少创新性，无法激发学生学习兴趣，导致最终教学效果不理想。为了改变现状，需要适当更新教学方法，给学生创造良好的教学环境，提高学生的英语文化素养。在实际教学过程中，教师可以采取情景教学模式，根据某个教学内容给学生设定相应的教学情景，让学生在相对真实的语言交流环境中学习，分析哪些内容产生于西方文化，哪些表达和问候是西方交际中不可使用的。通过这种方式，有效地提高学生的跨文化水平。当前，大部分高校均配备网络中心和虚拟设备，在这些设备的配合下，将其应用到英语语言教学中，能够获取理想的教学效果。教师通过使用多媒体教学设备，把所教知识和学生实际生活充分融合，将现阶段发生的重大政治事件和文化现象，利用视频等方式，向学生展示文化差异，通过和学生交流、探讨和辩论，引导学生作出合理的判断。

（三）利用互联网技术，建设跨文化交际能力教学平台。

科技和经济的飞速发展打破了传统教学模式的束缚，让学生有条件随时随地进行语言学习。在网络技术下，学生接收到的知识更加丰富，跨文化交流更加频繁。在教学过程中，教师可以利用多媒体优势给学生创建良好的跨文化交流平台，让学生通过线上或者线下学习方式开阔眼界，丰富文化内涵，以达到跨文化素质教育的效果。例如教师可以利用互联网慕课等形式给学生创建教学平台，为学生创设不同的教学情境，让学生结合实际情况和自身学习需求合理选择，实现跨文化能力培养。

（四）丰富教学内容，全方位融入。

1. 通过教材内容了解潜在文化内涵

高职英语教材包含诸多以英语为母语的国家或者区域文化知识，对高职院校学生今后学习和发展有着直接影响。在英语教学过程中，教师需要对教材内容有充分的了解，才能具体讲解，让学生对教材中的文化内容有深入地认识。例如在讲解有关“Thanks-giving Day”文化知识的过程中，教师可以提前收集一些和教材内容相关的视频或者图片，向学生讲解感恩节来源和历史背景，不但能丰富教学内容，而且能让学生对感恩节等跨文化知识有更加深刻的认识。因此，教材作为一个主题，应该结合主体内容进行文化探究，开阔学生视野。

2. 在词汇教学中融入跨文化教育

不管是哪种语言，词汇都是不可或缺的重要组成部分。在每一种语言中，每个词汇都蕴含着丰富的文化内涵。大部分词汇在各个环境和语言中有着不同的含义，如果不能精准掌握，则会产生误解。例如龙是中华民族的图腾，但是在一些西方国家文化中，龙却代表恶魔和邪恶。所以，在每个文化中，词汇表达的含义都有所不同。每种文化的词汇所表达的含义也会各不相同，在实际教学中，教师需要格外注重词汇教学，并融入跨文化素质教育。

3. 英语教学中多进行课外活动

在课外活动中，教师可以安排学生定期开展读书活动，阅读和欣赏并讨论经典的英语文学作品，了解跨文化的含义和内涵。教师可以在课上给学生播放一些西方国家比较著名的影视作品，让学生在观看影片的同时，对西方国家文化有一定的认识，提高英语语言能力。除此之外，还可以定期给学生播放一些和英语相关的广播或者英语歌曲。学校也可以定期开展一些英语比赛活动，不但能够消除学习的枯燥感，还能提高学生欣赏不同文化的能力。

4. 侧重听力教学中融入跨文化教育

听力教学作为跨文化素质教育的重要内容之一，不但能够让学生通过听力学习提高语言水平，而且听力教学包含诸多西方谚语和文化特色等内容，通过听力教学实现跨文化素质教育，提高学生语言能力，培养学生跨文化素养。

5. 在阅读教学中融入跨文化教育

阅读作为学习英语的重要形式之一，将跨文化素质教育理念融入其中，能够让学生直观地看到各个场所下英语语言的不同使用策略和技巧；让学生深入分析阅读材料，强化语言组织和表达能力，给学生今后英语语言文化学习打下扎实基础。

6. 在写作教学中融入跨文化教育

写作教学是高职院校英语语言教学中的重要内容之一，随着经济一体化时代的发展，大部分企业均开展涉外业务，在此过程中难免接触一些英语写作内容。写作和阅读一样，无不是语言文化的展现，教师在英语教学过程中需要培养学生的英语写作能力，将所学知识和英语教学充分结合，相互融入，有针对性地进行写作教育，提高学生的英语写作水平，避免文化歧义和沟通误会。

在高职院校英语语言教学过程中，跨文化素质教育是教育发展的重要方向，更是社会经济发展的必然趋势。高职院校英语教师需要转变传统的教学理念，明确跨文化素质教育的内涵和必要性，通过创新教学模式，给学生创造良好的教学环境，建设跨文化交流平台，丰富教学内容，从多个方面开展跨文化素质教育，在培养学生英语技能的同时，强化学生的跨文化意识，为学生在校学习和职业发展提供有力保障。

第四节 基于混合式教学的高职英语跨文化教学

随着信息时代技术的发展，混合式教学越来越受到高职院校教师的重视，高职英语教学重知识轻文化的现象仍然比较普遍。文节在分析了当前跨文化交际教学现状的基础上，提出了混合式教学背景下高职英语跨文化交际教学实施途径的理论模型；以本校两个教学班级为研究对象，设计了跨文化交际的教学活动，并通过对测试试卷，问卷调查和访谈所获得的数据进行分析，探讨混合式教学在跨文化交际教学中的实施情况，研究发现混合式教学在跨文化交际教学中已经初见成效，在一定程度上达到了培养学生跨文化意识和提升跨文化交际能力的目标。

混合式学习在国内的研究开始于 2003 年，祝智庭和孟琦将混合式学习介绍到国内。在随后的十年内，混合式教学有关的理论研究和应用研究在英语教学领域快速增长。根据中国知网文献及论文数据库检索发现，国内对于混合式教学的研究主要集中于以下几个方面：第一，对混合式教学的内涵与特征的界定。第二，侧重于研究混合式教学在高校不同学科或课程中的实践应用及其相应的教学模式设计。第三，基于不同网络教学平台的混合式教学模式设计及其效果的实证研究。

跨文化教学是对传统文化教学的变革和发展，是大学英语教学的新尝试，跨文化交际能力的培养成为高职英语课程的主要目标之一。长期以来，高职院校学生英语水平参差不齐，整体水平较差，教师在教学中重点教授语言知识，忽略文化教学，重视语言本身，忽略语言形式的社会意义的现象仍然比较普遍。张红玲在本科生中开展的文化教学现状调查中发现“学生文化知识和文化能力较之其语言知识和能力相距太远”。如何将混合式教学应用到高职英语跨文化交际教学中是一个值得关注，并且需要迫切需要解决的问题。研究高职院校的跨文化交际教学现状，发现存在的问题，力求探索高职英语教学改革的新途径，对于改善高职院校跨文化交际教学，提高学生的文化能力具有一定的理论和实践意义。

一、高职院校跨文化交际教学现状

为了较全面地了解高职院校跨文化交际教与学现状，作者分别对教师和学生进行了调研。通过问卷调查和开放式访谈的方法，对高职院校跨文化交际教学的现状、教师对跨文化教学的重视程度，教材的看法以及教学实施途径的选取、学生的学习情况等进行摸底调查并分析，深入了解高职院校跨文化交际教学的现状，力求探索跨文化交际教学实施的途径。

前期的调研工作首先在教师中开展，采用了问卷调查和访谈的方式来收集数据。此次研究教师调研对象来自上海，辽宁等地 12 个省市共 171 位教师。通过调查发现：教师普遍认可文化与教学的密切关系，普遍认为跨文化教学对语言学习较重要，大部分教师对于自己“跨文化意识”的理解较自信，因此具备进行跨文化教学的基本条件。但是教材不能完全满足跨文化教学需要，跨文化交际教学实施途径多样化，并呈现信息化的特征，学校教学环境为教师开展教学提供了有力的保证，但是网络资源有待于进一步开发。学生有学习跨文化交际方面知识的愿望，但是对跨文化交际的认识和相关国家背景知识的了解以及跨文化交际使用的交际策略的知识储备较欠缺。

二、研究框架

（一）研究目标

本研究通过混合式教学实验，将跨文化交际教学融入基础（通用）英语课堂中，采用“线上教学 + 线下学习”的方式，以期探索到适合高职学生的混合式教学的最佳模式。让高职学生在学习过程中通过与教师等的互动，主动参与到学习中来，从而达到培养学生跨文化意识和提升跨文化交际能力的目标。使高职英语教师在跨文化教学中探索混合式教学的设计和实践中不断地探索、积累经验、不断地更新教育理念，促进教师素质的不断提升。

（二）研究问题

本研究试图解决以下三个问题：

（1）基于混合式教学的跨文化外语教学是否有助于提升高职学生的跨文化交际能力?

（2）单纯的依赖学生自主学习的线上教学与教师面授 + 学生自主学习的线上 + 线下学习模式哪个更加适合高职学生?

（3）在混合式教学背景下，跨文化交际教学的教学资源如何整合才能更加服务于教学?

（三）基于混合式教学的跨文化交际教学设计

基于教学系统化的设计思想，构建混合式教学背景下高职英语跨文化交际教学实施途径。任何教学活动的开展教师都起着关键的作用，在混合式教学背景下，教师是整个教学活动的组织者、实施者和辅助者。教师做好上课前的准备，选取合适的教学平台，难易适度的教学资源，设计好小测试对学生的学习成果进行检测，并且要密切关注学生的学习情况。学生上课前要完成预习的任务，上课时要带着问题进教室，课下通过案例学习或者小组合作的方式巩固所学知识。

具体做法为：将跨文化教学融入在教学过程中，选取每个单元的知识点，结合慕课和微课的跨文化交际知识点形成线上 + 线下的“混合式”教学方法。某校大二学生使用的教材为徐小贞主编，外语教学与研究出版社出版的《新职业英语 1》，根据授课计划并从学生的实际情况和课时出发，选取了第一单元，第三单元，第五单元和第八单元的知识点作为主要的实验内容，同样选取了相应慕课中的相关知识点作为学生课下主要学习的内容。实验班级在课堂上增加了学习评价 / 学习内容，教师引导大家进行案例分析或者是小测试，巩固学生在线上学习的慕课和微课知识。

（四）研究对象

选取两个平行班作为实验对比班。这两个班级均来自同一个学院的大二学生。这两个班级人数比较多，班级规模较大，实验班为 1 班，人数为 65 人，控制班为 2 班，人数为 65 人，总人数为 130 人。

（五）研究过程

为检验混合式教学在跨文化教学中的应用效果，在实验组和控制组中开展了周期为 16 周的实验。首先，通过班级的英语等级水平测试成绩了解班级学生的英语学习水平，通过对班级进行前测了解学生对跨文化知识的掌握情况。接着，实验组采用通过搭建教学平台“教师微助教”，在班级开展教师面授讲解 + 学生自主学习“跨文化交际”慕课和微课，控制组只要求学生自主学习“跨文化交际”慕课和微课，两个班级的教学内容均相同。最后，经过为期 16 周的教学活动后，统一对实验组和控制组进行后测，并在实验组班级内进行调查问卷和深度访谈来收集数据。中国高校外语慕课平台上关于跨文化交际的视频资源非常丰富，为本研究教学资源的选取提供了有力的保证。

三、对比与分析

（一）实验前两个班级情况对比

选取了两个自然班级进行实验。这两个班级的学生在大一下学期都参加了高等学校英语应用能力 A 级考试（以下简称为：PET — A），该考试是面向全国高校专科层次的等级水平考试，是标准化的英语考试。实验组（1 班）共 65 人，平均分为 63 分，最高分为 86 分，最低分为 24 分；控制组（2 班）为 65 人，平均分为 62 分，最高分为 82 分，最低分为 23 分。由此可以看出这两个班级的学生英语成绩相当，处于同一水平。

（二）实验前测成绩对比

研究开始的第一周对学生进行了跨文化交际知识的测试，教师编制好测试试卷，通过问卷星对学生进行测试。该试卷共分为四部分，共有 20 个题目（20*5’=100’）：包括对职场案例分析（Q1-Q5），英语国家背景知识（Q6-Q10），英语习语和俗语（Q11-Q15）以及职场交际策略（Q16-Q20）的考察，该试卷涵盖了理论知识和技能知识，能够较全面地体现学生的跨文化交际知识水平。

从测试结果可以看出：两个班级的前测成绩相差不大，平均分持平，实验组为 46.17，控制组为 44.1，绝大部分学生得分都在及格线以下。第一部分的测试题两个小组的得分情况都不是很高，平均分在四部分题目中最低，组员之间得分的差距也较大。第四部分测试题两个班级同学得分的差距也是比较大。由此说明：两个班级学生的跨文化交际背景知识储备不足，对于英语习语和俗语的掌握，案例分析能力和交际策略使用能力均不是很理想。

（三）实验后测成绩对比

经过为期 16 周的教学实验后，对实验组和控制组进行了统一的测试，测试试卷同前测试卷基本相同，只对其中几个题目做了调整。从测试的分数结果可看出，总体上实验组的成绩（M=63.5）要优于控制组的成绩（M=50.07），尤其是在第一部分和第四部分的测试题目中实验组和控制组的区别最大：第一部分的测试题目实验组的平均分数明显高于控制组，组间成员的差距也要小于控制组；第四部分的测试题目实验组的平均分要高出控制组将近 4 分，与控制组相比，实验组组间成员的差距较小，这样的结果充分证明了“线上”+“线下”混合式的教学方法的必要性，这也比较符合预期的效果。和控制组相比，实验组增加了教师课堂教授环节（案例分析 / 小测试），帮助学生达到学习预期目标，并提高了案例分析能力，而控制组的学生由于缺乏教师面授环节，再加上学生学习的主动性和积极性不是很高，因此最后测试的成绩并不是很理想。

混合式教学结束后，我们对实验组的学生用问卷星的形式进行了问卷调查。问卷从以下几个方面从学生的角度对混合式教学的情况进行调查：教学方式，教学资源，知识储备和自主学习能力情况。从统计的结果来看，实验组有 50 人对混合式教学方式表示喜欢，这一结果达到了研究的预期。有 41 人认为老师选取的教学资源符合教学需要，虽然教学资源基本满足了教学需要，对于学生的知识储备增长，我们也做了统计，有 38 名同学认为自己扩大了知识面，丰富了知识，也了解了跨文化交际的基本原则。数据也显示只有 34 人认为自己的自主学习能力得到了提高，这一数据并不是很理想，高职学生的自主学习能力不是很强，只有教师给学生布置作业时，学生才会去学习相关视频和完成小测试，在本研究中教师也无法做到对学生进行学习全程监控。

四、结果与讨论

（一）教师要设计好线上线下的教学内容

教师要设计好线上线下的教学内容，线上的教学内容应该是基本知识，学生应该做的是：课下通过教学平台或者慕课的学习为课堂学习做好准备，并完成相关的测试，带着问题去上课；线下教师应该为课堂指导学生做好准备，教师是课堂教学的组织者、引导者、辅助者，跨文化交际教学最好是教师通过案例讲解的方式引导学生进行学习和讨论。线下和线上教学应该有独立的教学内容，内容的侧重点不同，但是又互为补充，相辅相成，这样才能更好地服务于教学。

（二）教学资源应碎片化，模块化，系统化

随着慕课和微课的推广，目前关于跨文化交际的慕课资源比较丰富，但是适合高职院校学生学习的教学资源却并不是非常多。教学资源的选取要基于学生的需求出发，符合学生的实际需求，教学内容应该碎片化，满足学生的个性化学习需求；教学内容应该模块化，

将主要的教学内容分为主要的模块，根据学生的实际情况选取教学模块；教学内容应是系统化的，应该涵盖基础知识以及拓展知识，保证学生掌握基本知识的同时，具备应用基本知识解决实际问题的能力。

（三）选用适合的教学平台，加强学生学习监控，增加教学互动

考虑到资金等实际情况，本研究选用了微助教教学平台。教师通过这个教学平台发布教学任务，布置作业，启发学生进行讨论，学生通过该平台查看学习任务，完成小测试，提交作业，开展相关主题的讨论。但是高职院校学生自觉学习的主动性不是很高，再加上教师通过该教学平台无法监控学生的学习过程，因此学生不太重视教学互动区的互动。教学平台也是混合式教学实施的关键因素，因此要继续探索适合高职院校学生的教学平台，加强学生的学习监控，增加教学互动。

本研究采用了选取实验组和控制组的对比实证方法，对某校的混合式教学在跨文化交际的教学进行了研究。通过调查和分析，我们可以看出，混合式教学得到了学生的认可，已经初见成效，教学资源基本满足了学生需求，学生增加了知识储备，了解了交际原则，具备了跨文化交际的基本素养，学生自主学习的能力也得到了一定的提高。另外，在实际的应用过程中，仍然存在一些问题：教学资源的整合和选取仍需进一步研究，学生的学习过程无法监控，教学互动欠缺，学生的学习主动性仍需进一步加强。本研究选用的是本校的两个教学班级，在实验的实施过程中，由于研究的周期短，由此得出的结论仍然存在一定的局限性。

第五节　茶文化在高职跨文化英语教学中的渗透

众所周知，茶文化是我国传统文化的重要组成部分，茶文化在中华儿女心目中的地位不可撼动。茶文化拥有着非常深刻的文化内涵以及德育思想，看似简单的茶文化背后隐藏着的是我们中华民族历经千年沉淀与发展的历史文化。深入去分析和探究茶文化的精髓，不难发现茶文化的适用性非常广泛，任何行业和领域的人都可以通过探究和学习茶文化来获取有助于自身发展的重要内容。本节将以高职跨文化英语教学为例，分析茶文化在其中的渗透与应用。

纵观当前高职院校跨文化英语教学工作现状，茶文化的渗透和应用已经成为一种必然发展趋势。茶文化在高职英语教学工作中的渗透不仅仅对于英语教学来说是一次前所未有的创新机遇，其对于茶文化的发展也是一次不可错失的重要良机。高职学生在实际学习过程中既可以学习到以英语为代表的西方文化，也可以了解到以茶为代表的东方思想，东西方思想的融合与碰撞，必然有助于提升高职院校学生英语学习质量以及实际应用能力。以下是笔者结合自己多年相关工作经验，就此议题提出自己的几点看法和建议。

一、关于茶文化的简要阐述

茶文化起源于茶，其是建立在种茶饮茶基础之上的一种文化现象。茶文化中包含着数千年来中华民族优秀儿女的强大智慧与文化思想，茶文化在现代社会中依然拥有着很强的影响力与丰富的文化价值。

茶文化的思想精髓主要体现在儒释道佛四个方面，茶文化源于生活但高于生活，茶文化中所蕴含的诸多哲学道理都可以为我们的人生道路指明方向。从茶文化精神层面来分析，茶道中清静怡真的思想真谛便于儒释道佛四大家的思想有着高度一致性。学习和研究茶文化便是另一种形式的思考与品味人生。茶文化不仅仅与传统思想有着紧密联系，其在国际的交流和发展中也能够起到非常重要的作用。茶文化在促进国际各个国家和地区友好相处以及促进国际文化交流中呈现出非常理想的应用价值。关于茶文化与语言之间的关系，还是要归到文化与语言二者之间的本质联系，即语言是文化的反映，文化是语言的承载，茶文化与英语亦是如此。

我们都知道，茶的味道以先苦后甜著称，苦后回甘是其受到历代文人骚客喜爱的重要原因之一，茶的味道就好比人生际遇，人们在品茶时很容易产生情感上的共鸣。所以，在历代文学作品当中，我们会看到很多带有茶的词句，当古人借助茶来表达自己的真情实感时，现代人也会借助茶来深入体会。

关于茶文化的传播，从目前传播形势来看，茶在全世界的传播速度非常之快，传播效果也非常理想，但是蕴藏在茶背后的茶文化却并未能得到真正的传播，其原因就在于茶文化承载的是我们中华民族悠久的历史文化，这是不了解中华民族的外族儿女难以体会和深刻感受到的。除此之外，茶文化的传播难度大还要归结于语言问题，因为茶文化要想在全世界范围内传播，那么就需要将记录茶文化的中文翻译成为各个国家的语言，特别是英语。就英语来说，英语这一语言体系自身发展并不是非常完善，而且使用英语的国家的人们在文化习俗以及生活方式上与我们也有着非常大的差别，所以，即使用英语翻译过去，这些人还是难以做到低茶文化的完全理解。

二、在高职跨文化英语教学中渗透茶文化的可行性分析

（一）茶文化自身拥有着非常强的融入性

茶文化包含的是与茶相关的所有文化，诸如茶叶种植文化、饮茶品茶文化以及茶精神等等都属于茶文化的范畴。在我国历史发展过程中，茶文化所发挥的作用和价值不容小觑，也正是茶文化的渗透与发展，使得现代生活中茶文化的应用价值非常广阔，可以说，茶文化在现代社会中无处不在，拥有着非常强的融入性和渗透性，将茶文化融入任何一个领域当中都很少会出现违和感，任何一个领域或者一个行业都可以寻找到与茶文化的共通之处。

高职院校的跨文化英语教学，其目的是教导学生们使用英语和人们进行交流和沟通。

茶文化在此过程中的渗透是有着一定基础的。比如，以英国这一使用英语的国家为代表，英国也有着自己的茶文化，英国人在很多年前就有着喝下午茶的习惯，虽然英国的茶文化和我们国家的茶文化存在着很多不同之处，但是，同为茶文化便赋予了探究二者之间关联性的基础。学生们通过跨文化英语的学习，不仅能够了解到独具中国特色的茶文化，而且可以借助中国的茶文化去引申了解其他国家的茶文化，为日后跨文化的交流和沟通点打下坚实基础。

（二）高素质的英语教师为茶文化的渗透奠定基础

近些年，伴随着社会的发展与进步，我们国家的开放程度越来越高，英语学习也成为每一名高职学生必须要完成的一项基本学习任务，英语课程在高职教育教学课程体系当中更是占据着越来越大的比重。将茶文化渗透到跨文化英语教学当中来需要依靠的最核心力量便是英语教师，只有英语教师真正了解茶文化才能够实现茶文化的高效渗透，换而言之，高素质的英语教师是实现茶文化在高职跨文化英语教学中融入的首要前提条件。根据笔者的调查和了解，目前从事高职院校英语教学工作的教师对于茶文化的了解还是普遍较高的，绝大多数英语教师对于茶的种植与生长、茶的分类与构成以及茶文化的发展历史，等等都是比较了解的，而且他们对于茶文化的研究和了解程度也是比较高的。除此之外，很多高职院校也会组织英语教师参与茶文化的学习和培训活动，给予英语教师们针对性的指导及时纠正教师们对茶文化的错误认知，以有效避免在实际教学过程中将错误的理念和观点传递给学生，降低语言交流发生错误的概率。

（三）茶文化的渗透有助于提升学生的跨文化交际能力

何为跨文化交际，即借助不同的文化来进行交流和沟通。跨文化交际的过程便是将本国文化向其他国家传播和拓展的过程。在之前较长的时间内，基于语言、交通以及思想等诸多因素的影响，跨文化交际的效果并不是很理想。但是，伴随着对语言的学习以及各国之间交往的频繁，跨文化交际越来越多，人们所掌握的跨文化交际能力也是越来越强。建立在跨文化基础之上的高职院校英语教学，渗透茶文化绝不是进行文化层面的侵略，而是要借助茶文化来增强语言之间的联系，让更多的人有机会去学习和了解中国的茶文化。学生们在学习英语的过程中多学习茶文化，那么就可以在未来与外国人交流和沟通的过程中多一些内容，茶文化也会在潜移默化中成为跨文化交流的一个重要资源。与此同时，学生们通过学习中国的茶文化也会就此了解和接收到更多的西方文化，这是一举多得的明智之举。

三、高职跨文化英语教学在渗透茶文化中出现的问题

（一）高职学生参与学习积极性不是很高

众所周知，选择进入高职院校学习的学生学习基础都相对较差，学习能力也较为薄弱一些。这是当前高职院校开展跨文化英语教学遇到的重大阻碍之一。笔者在调查和了解的

过程中发现，高职学生在学习英语知识的过程中普遍表现出学习积极性比较低的问题，课堂上教师的教学热情高涨，但学生的回应却非常少，即使是互动环节，学生们的参与度也比较低。

（二）高职学生不关注茶文化

茶文化是传统文化的重要内容之一，现在的高职学生群体每天的学习和生活都被各种各样新鲜的事物和知识充斥着，他们对于茶文化这类传统文化并不是很感兴趣，日常也很少关注茶文化，对茶文化的认同感也比较低。在很多高职学生的心目当中，茶文化代表的是传统，是守旧，而他们渴望的则是创新，是刺激，是新潮。基于此心理，高职院校在跨文化英语交流过程中渗透茶文化便遇到了很大的阻碍，其中最具代表性的便是茶文化失语现象，即学生们可以用英语来顺畅地表述外国的文化或者日常其他方面的内容，但是一提到中国传统茶文化则无从下手，不知道该怎么进行讲述，其原因就在于学生对茶文化以及茶文化语言的缺失。

（三）文化内容和英语知识脱节问题

就目前高职院校英语教学中使用的英语教材而言，其虽然在内容和理念上越来越具先进性和新颖性，但是关于中西方文化的介绍并不是很多，这就意味着高职学生在学习英语的过程中能够学习和了解到关于中西方文化的内容非常有限。如果英语教师在实际教学过程中强制性将茶文化的内容加入到授课内容里面来，学生们的接受和理解效果自然会受到影响。这无论是对于英语教师还是对于高职学生来说都具有一定的难度。

四、茶文化在高职跨文化英语教学中的渗透策略分析

（一）继续创新茶文化教学工作

茶文化在高职跨文化英语教学中的渗透必将经历一个漫长的过程，在这一过程中，英语教师要想实现预期的教学目标，就必须要结合自身教学的实际情况针对性地开展创新和优化，要大胆突破传统刻板的教学模式，借助更具先进性和灵活性的教学模式来完成茶文化的渗透工作，将茶文化所拥有着丰富内涵与思想精髓尽可能多地融入实际教学工作当中来。笔者建议，英语教师可以在课堂教学过程中为学生们讲述和展示茶道艺术，为学生们提供更多前身参与学习和操作的机会，也可以融入一些与茶文化相关的歌曲、舞蹈，等等，通过更多更具吸引力的方式来吸引学生的注意力，增强学生们对于茶文化的认同感，逐步激发起高职学生对于茶文化的学习兴趣。

（二）构建科学合理的茶文化教学体系

根据笔者的了解，高职院校跨文化英语教学中渗透茶文化这一理念在最开始的适用阶段存在着很大的盲目性，有很多高职院校在并不是充分地了解学生对茶文化的认知水平的基础上便盲目开展渗透工作，这就使得茶文化的渗透效果并不是很理想，教学针对性也非

常差。基于此，笔者建议高职院校应该摒弃之前传统的教学理念，站在更加理性客观的角度去重新审视茶文化在跨文化英语教学中的渗透，深入学生群体当中去了解学生们对茶文化的态度以及实际认知情况，在综合考量多方面因素之后构建起一个更具科学性与合理性的茶文化教学体系，有针对性和有步骤地渗透茶文化，尽可能地提高对茶文化这一教学资源的利用程度，将茶文化中所蕴含的核心精神理念以及优秀思想的价值发挥到最大化。

综上所述，高职院校学生学习英语会更注重实效性，他们需要通过英语学习来进行交流和沟通，要借助英语来辅助完成自己的工作任务。因此，英语教师在跨文化英语教学中渗透茶文化时要充分考虑到这一点，要将教学重点更多地集中在茶文化的实用价值这一方面，在课堂教学中尽可能多地引导学生去发现和探究茶文化和英语学习的共通之处，提高高职学生对茶文化的认同感，同时激发起他们对茶文化的学习兴趣。

第六章　跨文化背景下高职英语教学中学生能力的培养

第一节　高职英语教学中跨文化交际意识培养

在高职英语教学过程中，培养学生的跨文化意识，提高他们的文化敏感性非常重要。从高职英语教学与跨文化交际意识之间的关系切入，从日常生活的问候语、称谓语、颜色词、习语、审美习惯等几个方面分析了中西文化之间的差异，指出当前高职学生跨文化交际能力整体现状，提出如何改进高职英语语言教学模式来培养学生跨文化交际意识的建议措施，以期引起英语语言教育者的重视。

语言是人类用来进行交流、表达自己思想感情的工具。语言形成过程中的任意性特征，决定了不同地域、不同民族的社会成员以约定俗成的方式进行交流和沟通，因此，造成了不同文化背景的语言在交流时的差异。这些差异表现在不同语言不仅有各自不同的书写方式，还有自己独特的组合规则和表现方式。不同的语言反映了使用该语言的文化民族地域特征、宗教、价值观念、经济发展、风土人情及其社会习俗的差异。语言处处反映社会文化。奈达（Eugene Nida）曾说过："Learning a language is a kind of learning the culture and the habit of the country where the language is spoken." 要想跨越两种语言之间的文化障碍进行顺畅地交流，就必须了解两种语言之间存在的文化差异。

一、高职英语教学与跨文化交际意识培养的密切关系

英语也是一种"符号"化的文化表现形式，英语教学实际上就是通过这些"符号"来探索其所赋予的内在含义。语言承载着文化，是文化的一部分，也像一面镜子反映了文化内涵。高职英语教学与学生跨文化交际意识培养之间的关系是互相依存、互相促进又互相制约兼容。跨文化交际意识的培养与英语学习关系非常密切。如果没有正确的英语教学，那么学生跨文化交际意识的培养就无从谈起，就会失去英语教学的方向和目的。因此，我们可以这样认为，英语教学是跨文化交际意识培养的前提条件和必要基础，同时，跨文化交际意识培养又对英语教学起到有力地"反推作用"，能够对英语教学在广度进行有效地

拓展，深度上进行有效地开掘，从而使英语教学质量大幅度提高。

二、高职学生跨文化交际能力亟待提高

长期以来，中国的英语教学片面地强调了语言学习，而忽略了文化意识的培养，导致学生使用英语交际时出现严重的语用错误，语用错误比单纯的语言错误性质更为严重。美国语言学家沃尔夫森曾经指出："在与外族人交谈时，本族人对于他们在语音和语法方面的错误往往比较宽容，与此相比，违反说话规则被认为是不够礼貌的，因为本族人不大可能认识到社会语言的相对性。"学生在中学开始学习英语，每天学习练习的都是此类句型："What' s your name?/How are you?/Where are you from?/Where are you going?/How many people are there in your family?"这类对话在形式上没有任何错误，但是这些显然不是英语国家的人在日常工作和生活中经常用的语句。

（一）西方文化非常注重对个人空间的保护

有很多事情，如年龄、职业、收入等在西方文化中都被认为是个人隐私，与他人无关。如果在交际过程中，不分场合、询问他人类似的问题，会被认为是不礼貌的，有打探他人隐私之嫌。而在中华民族传统文化中，倡导集体主义，否定个人主义，重视"大我"，而忽视"小我"，人们很少有隐私的概念。正是因为忽视了这些文化差异，很多国人在与外国朋友交流时，会用上述倒背如流的句子向外国朋友发问，尴尬局面由此产生而不自知。中国人见面打招呼时喜欢说："吃了吗？"这与中华民族传统文化中的"民以食为天"的思想息息相关，现在只是一种友好的应酬话，并不是有意要请别人吃饭。但是如果按字面意思翻译成"What' s your name?/How are you?/Where are you from?/Where are you going?/How many people are there in your family?"被问话的英美人士就会产生误解。你见到一位外国朋友，也不能用中国人常用的另一个问候语"Where are you going"（"上哪去"），对方会认为你在干涉他的隐私。英语民族的人见面喜欢谈论天气，说一些诸如"Lovely weather，isn' t it？"之类的话，这也充分说明了他们对个人隐私的重视，因为这类不着边际的话题通常最方便，也是最不得罪人的。

（二）英汉两种语言在称谓语的差异

英语民族的人不太注重亲戚之间的关系，使用的称谓语都很笼统。如"sister，brother，cousin，aunt and uncle"，如果没有上下文或者必要的一些了解，很难搞清楚他们之间的关系。而中华民族传统文化则非常重视亲情及亲属关系，因此，汉语中称谓语分得非常详细，关系一清二楚。汉语中的"堂兄、堂弟、堂姐、堂妹、表兄、表弟、表姐和表妹"八个称谓语在英语中都是同样的一个词 cousin，如果把"堂姐"机械地转换成英语"my female-cousin-on-father' s side"或者"elder-than myself"，那就不是英语，而是笑话。

（三）中西文化在颜色喜好和颜色词汇使用上的差异

在中国，“红色”通常代表喜庆。中国传统婚礼上新人都穿红色的礼服，有喜事则燃放红色的鞭炮，过春节时家家门上贴着红色的对联，挂着红红的灯笼，窗户上贴着红红的窗花;在西方，红色却代表着“暴力”“残酷”和“血腥”。在中华民族传统文化中，“白色”通常出现在葬礼上，代表着死亡、肃穆和哀伤；而在西方文化中，白色（white）则是代表着纯洁，在西方婚礼上，新娘总是身穿洁白的婚纱。汉语中表达的“米色”相对应在英语中表述为“buff-colored”而不是“rice-colored”。汉语中的“红茶”翻译成英语是“black tea”，而不是“red tea”，因为汉语是针对茶水的颜色而言，而英语是针对茶叶的颜色而言。英语的颜色词很多时候不仅仅限于表达本意，通常还可以用于表达其他的意思，比如，“I’ m feeling rather blue”中的“blue”与颜色无关，而是指“沮丧的、忧郁的”。“white lie”也不是“白色的谎言”，而是指“善意的谎言”。

（四）英汉两种语言文化差异的习语表现

作为不同地域环境中不同生活经验的产物，习语在英汉两种语言中更多地表现为不同的形式。比如，汉语中用“雨后春笋”来形容“事物的快速发展或者大量产生”；而英语则用“like mushrooms”来表达同样的意思，因为英国不出产竹子。英格兰东北部泰恩河畔的纽卡斯尔（Newcastle）是英国著名的煤都，后来人们就用“carry coals to Newcastle”来比喻“徒劳无益的行为”。这个习语显然不能够直译成“运煤到纽卡斯尔”，因为我们不具备相应的文化背景，很难理解这个习语的真正含义，倒不如翻译为“多此一举”。汉语中“倒贩槟榔到广东”和此语有异曲同工之妙。英汉两种语言中存在的大部分习语都有很强的民族特征。汉语中的“胆小如鼠”到了英语却是“chicken-hearted”;形容人脾气倔强，汉语是“犟得像头牛”，英语变成了“as stubborn as a mule”，犟得像头骡子;汉语中的“天生有福”，到了英语那里却是“born with a silver spoon in one’s mouth”，生来嘴里就含着一把银勺子。

（五）中西方不同的审美习惯和民族心理

西方文化中有养狗爱狗的传统，而中国人却鄙视和厌恶狗这种动物。“龙”在中国传统文化中是一种令人崇敬的动物，象征着“权威、力量和吉祥”；而在英美文化中，dragon（龙）是一种残暴、可怕的动物。“喜鹊”在中国人眼中是一种能够给人们带来喜讯和好运的鸟，但是英美文化当中 magpie（喜鹊）这是一种爱叽叽喳喳的鸟。“He is a magpie”，意思是说“他是一个饶舌的人”，而不能理解成“他是只报喜鸟”。有些问候语也和民族心理有关。中国人见了老朋友，常说的寒暄话是“您发福了”或者“您长胖了”，表示对人的一种恭维，因为在中国人看来，“您发福了”或者“您长胖了”意味着“生活富裕、心情舒畅”；而西方人却比较忌讳别人说自己长胖了，因为那就意味着自己没有吸引力或者生活过得不好。

三、改进高职英语教学模式

从上面讨论的文化差异的表现中，我们可以看出，体现在语言方面的中西文化差异是巨大的。因此，高职英语课程的教学，不仅仅是英语知识的输入和英语技能的训练培养，还要让学生了解和掌握知识的文化背景。在高职英语课堂教学中，任课教师应该从总体上对目标语言的文化含义进行有效地导入，使学生能够在实际语言学习中获得相关的跨文化交际知识，了解目的语所蕴含的文化要素。因此，在高职英语课堂教学中，任课教师首先要导入不同文化的某些差异，以使学生在语言应用中避免不同文化背景下交际所带来的失误，使学生能够得体地使用英语，而不是只会尴尬地用“Have you had your meal”或“Where are you going”来打招呼。此外，导入文化应该具有针对性，即要符合学生实际日常交际需求，又要切合教材内容。学生可以加深理解教材的内容，提高学习兴趣，有效地提高交际能力，更高效地运用语言。在高职英语课堂教学中，任课教师还可以给学生提供有关西方文化的音像资料，从而来进一步了解西方文化与于中国传统文化的差异及各自特征，比如《走遍美国》。

高职英语教学，要联系实际，将与语言知识点有关的文化信息介绍、引入给学生，帮助学生逐步建立起适应自己认知结构的相应文化知识体系、培养学生的文化意识。英语知识课程既是语言课程，也是学习跨文化交际必上的知识性课程；因此，作为一名高职英语教师，在英语教学中，不应该仅仅教授语言知识，同时也应该积极地传播语言所承载的文化，将相关的文化知识融入语言教学中，让学生能够从语言中学习文化，从文化中学习语言，从而真正地掌握并且应用这门语言。既要提高高职学生英语技能，还要注重提高跨文化交际的文化敏感性和处理文化差异的灵活性，只有这样，才能消除中西文化交流当中的文化障碍，更有效地进行跨文化交流，以适应日益广泛的国际交流的需要。

第二节　高职英语教学中的跨文化交际能力培养

中西方文化存在着较为显著的差异，而语言作为文化载体形式之一，其本身就体现出了文化上的差异，所以在开展英语教学活动的时候，提高学生对于差异的理解，对于学生正确理解与运用语言而言十分必要，这也是学生跨文化交际能力培养的目的。为了能够提高高职英语教学实效，本节就如何在教学中有效地培养学生跨文化交际能力展开了探讨。

语言作为文化载体，具有工具性。在语言教学活动实施过程中，教师需关注语言的人文性与教育性。不仅要对学生进行课堂知识教学，同时还需要注重语言背后的文化传授，即在课堂之上加强对学生跨文化交际能力的培养，这样才能培养出顺应时代教育发展需求的人才，从而更好地优化高职英语教育教学工作。

高职院校培养的人才为应用型人才，而学生学习英语的目的也是能够在毕业之后顺利地运用英语来进行对话，所以教师在开展英语教学活动的时候，一定要注重对学生跨文化交际能力的培养，这样才能有效地改变传统英语教学弊端，为学生今后英语应用于表达打好基础。

一、在课堂上坚持以学生为主体

高职英语教学过程中要想真正有效地培养学生跨文化交际能力，教师在课堂之上一定要树立起全新的教育教学理念，严格贯彻落实“以学生为主体，教师为主导”的教学理念。在课堂教学中，改变传统以教师为中心、教材为中心的教学模式，让学生成为英语课堂主体，使用灵活多样的教学方式来激发学生的英语学习兴趣，毕竟只有学生产生了兴趣才会参与到跨文化交际能力培养活动中，从而有效地提升培养效果。

在这一过程中，教师可以强化与学生的对话与交流，为学生构建出一个和谐且宽松的学习环境，鼓励学生积极投身于英语课堂活动之中，从之前的要我学及时转变成为我要学，同时还需要做好学习方法指导，这样才能为学生跨文化交际能力发展打好基础。

二、教学中渗透文化因素

高职英语教学过程中学生跨文化交际能力要想真正得以有效地培养，教师还需要在教学课堂上做好文化因素渗透，帮助学生了解中西方文化差异，让学生在英语课堂上真正学会如何与西方人打交道，这对于学生今后跨文化交际而言十分重要。

能够帮助学生避免因为沟通障碍或文化差异而造成的误解，从而有效地提高学生跨文化交际能力。

为此，高职英语教师在开展教学活动时，一定要深入挖掘教材中的文化因素，在课堂上让学生更好地认识到中西方文化差异，做好跨文化交际意识渗透，从语音、语法、词汇、句子、习惯用语等多方面来对学生进行文化渗透，抑或者是让学生多观看一些西方国家电影，让学生在良好的异国文化氛围中更好地认识差异，这样学生跨文化交际能力自然而然能够得到有效地发展和提升。

此外，英语国家在与人交际的时候，喜欢与人保持礼貌距离，他们认为彼此之间的距离最好是在 50cm 左右，而我国却没有这样的想法，甚至会觉得亲近点才是更好地，所以对于诸如此类信息与知识的教学能促进学生对中西方国家文化差异的了解，从而有效地提高学生跨文化交际能力，避免因为文化差异而造成的沟通障碍。

三、借助阅读指导开阔学生眼界

学生英语能力的形成基于大量的语言输入以及广泛阅读，所以在英语教学过程中阅读属于十分重要的部分，从某种程度，阅读是学生语言基础获得的前提。

为此，高职教师在培养学生跨文化交际能力时，还需要提高对于阅读教学的重视程度。在教学过程中，指导学生广泛阅读，开阔学生眼界，让其在阅读观察、思考与探究中更好地认识西方国家社会文化、生活观念、民俗风情、家庭关系等多方面内容，这样学生不仅能够提高自身阅读能力，还能在有效地阅读中对西方国家文化形成更为深刻的理解和记忆，有助于学生跨文化交际能力的提升。

四、创设交际模拟情境

在高职英语教学过程中，要想真正有效地提高学生跨文化交际能力，除了做到上述几点之外，教师还可以结合教学实际来为学生创设出跨文化交际模拟情境，让学生在模拟情境体验中真正参与到跨文化交际活动中，这样学生就能在英语语言与表达过程中提高自身的跨文化交际能力。

为此，教师在开展高职英语教学时，应准确意识到交际模拟情境创设的重要性，让学生在角色扮演、交际模拟体验中更好地感知中西方文化差异，同时，鼓励学生参与到语言表达与交际活动中来，以促进学生跨文化交际能力的有效地提升。

综上所述，语言是人们有效地展开交际的工具，而英语对于我们而言是外来语，在英语教学中培养学生跨文化交际能力是为了让学生了解其他国家的交际习俗，改变固有的交际习惯，从而避免在跨文化交际过程中出现沟通障碍。

为此，在高职英语教学实践中，教师应充分意识到跨文化交际能力培养的重要性，基于时代发展要求来创新英语教学，培养出跨文化交际能力较强的综合型人才。

第三节　一带一路高职英语教学中跨文化交际能力的培养

国家“一带一路”建设对高职英语教学提出了新的要求。传统的高职英语课程已不能适应“一带一路”发展需求，语言能力、语用能力、文化知识方面的障碍影响着高职学生的跨文化交际能力。高职英语教学应当服务“一带一路”倡议，在课程体系、文化内容、教学方式、教材资源、师资队伍等方面做好相应的改革，提高学生的跨文化交际能力。

2013 年习近平总书记提出了建设“丝绸之路经济带”和“21 世纪海上丝绸之路”的合作倡议。“一带一路”倡议旨在推动我国与丝路沿线各国在经济、文化、教育等各领域的深度合作。实现这一目标，需要一大批既有技术，又懂外语，而且比较熟悉当地法律和文化的复合应用型人才。

高职院校培养的正是高技能应用型人才。在“一带一路”倡议背景下，应用型人才不仅要具有职业技能，更需要具备一定的语言应用能力和跨文化交际能力。“一带一路”沿线国家众多，语种繁多。在小语种人才培养尚未形成一定规模的情况下，英语作为目前普及程度最高的世界通用语成为我国与丝路各国沟通和交流的纽带，帮助来自不同文化背景的人进行交流，确保跨文化交际的顺利进行。

要保证“一带一路”的稳定发展，高职英语应把目标落实在学生英语语言应用能力、跨文化交际能力的培养上。因此，高职英语教学中的其中一个重要任务便是积极探索跨文化交际能力培养的途径，提高学生的跨文化交际能力，更好地为“一带一路”服务。

一、“一带一路”与跨文化交际

国内外学者对于跨文化交际能力的组成要素各持己见。Cupach 和 Spitzberg 两位学者提出了跨文化交际能力的三要素，分别是技能、知识和动机。Lustig 和 Koester 两位学者认为，跨文化交际能力必须以足够的知识和合适的动机作为支撑，并在这两者基础上进行行为的训练。2009 年语言学专家 Byram 对这一理论进行了深化，描述了构成跨文化交际能力的三大能力：语言能力、语篇能力和社会语言能力。国内的陈国明教授构建了跨文化交际能力的三维模型：跨文化理解（认知）、文化敏觉力（情感）和跨文化效力（行为）。杨盈和庄恩平认为，跨文化交际能力的框架由全球意识系统、文化调适能力系统、知识能力系统和交际实践能力系统共同组成。毕继万认为，跨文化交际能力是一种综合能力，包括语言交际能力、非语言交际能力、语言规则和交际规则转化能力和文化适应能力。

虽然不同学者对于跨文化交际能力的内涵阐述不尽相同，但是对跨文化交际能力的理解都包含三个层面：知识层面，包括语言知识、文化知识，交际知识等；情感层面，对不同文化的尊重和包容的态度；行为层面，在语言和情感层面的基础上进行沟通交际的能力。简而言之，跨文化交际能力是一种在一定的语言能力的基础上，结合人文知识及交际知识，能够与来自不同文化背景下的人进行有效地沟通的能力。

“一带一路”互联互通愿景的实现以语言沟通为基础，其经济贸易往来、国际项目开展、文化传播等亟需具备扎实的语言功底、较强的语言应用能力、较高的跨文化交际能力的应用型人才作为支撑。

“一带一路”沿线共有 65 个国家，官方语言多达 53 种。各国的民族文化、价值观念以及社会风俗不同，若对他国的国情、文化缺乏足够的认知和了解极有可能在交际过程中形成错误的认识，造成交际的失败。因此，想要实现沿线各国间的互通，就必须了解各个国家的民俗习惯、风土人情仰等。在“一带一路”倡议的大背景下，外语教学要更加注重学生跨文化交际能力的培养，使学生增进对他国文化的理解，同时让中国文化“走出去”。

二、影响高职学生跨文化交际能力的主要因素

（一）语言能力障碍

高职院校生源复杂，学生英语基础普遍薄弱，缺乏学习积极性和自主学习的能力。而

高职阶段英语课时量十分有限，大部分高职院校仅在大一学年设置了英语课，周课时 2 ~ 4 节，一学年总课时量在 100 节左右；在大二、大三阶段没有任何英语课。学生英语能力的提升是一个相对缓慢的渐进过程，然而高职阶段英语学时安排有限，课程设置断层，学生英语学习英语时间严重不足，无法有效地提高学生的听说读写的能力。没有一定的语言能力为基础就谈不上与来自不同国家的人进行有效地沟通和交流，更不用说实现跨文化交际了。

（二）语用能力障碍

目前，多数高职院校的英语教学仍以四六级、AB 级等英语能力等级考试为指挥棒，在有限的课时里教师把教学内容聚焦在语言的知识性，侧重词汇、语法、翻译等的强化训练，缺乏语言应用能力的培养。英语教学在能力标准、教学内容、评价方式等各方面都未能与时俱进，相当一部分学生在完成高职阶段的学习后仍然摆脱不了哑巴英语的困境：听不懂、不会说、不会写。

（三）文化理解障碍

语言与文化相互依存、密不可分这一点已经得到语言学家及教育学家的共识。但是由于高职英语教学的功能导向存在漏洞，英语教学在文化输入上存在着明显的短板。

教师压缩了文化教学的内容，语言的文化内涵和人文特性被忽视。课堂上文化知识输入量不够多，面不宽宽，学生对异国文化知识的累积薄弱，导致“文化休克”的出现。以语言技能训练为主的课程设置显然无法培养学生的跨文化交际能力，与“一带一路”建设对于人才的需求不匹配。

教师在文化传播上过分地注重西方文化的介绍，缺乏中华文化的导入。文化传播出现“逆差”，即用英语介绍西方文化的能力超过用英语传播中国文化的能力，“母语文化失语”现象严重。

文化输入单向性还体现在文化传播上缺乏国别研究。丝路沿线各国的国家状况、地理历史、风土人情都千差万别。然而，一方面是“一带一路”沿线国家的文化在英语教材中严重缺失，教学内容缺乏全球化视野；另一方面英语教师长期以来单一地对学生介绍西方的大国文化，很少或根本没有涉及如印度、泰国、老挝等“一带一路”沿线国家的文化。高职学生缺乏相关文化知识的积累，没有能力应对“一带一路”背景下的各种文化冲突，显然会影响其今后参与“一带一路”建设的胜任度。

三、高职英语教学中跨文化交际能力的培养

受传统教学模式的影响，高职英语教学对学生跨文化交际能力培养的重视程度尚有不足，必须重新审视英语教学，在课程设置上突破单一的英语课程体系，将基础课与行业有机结合，以中国文化为基石，以“一带一路”沿线国家文化为拓展点，增设各类选修课类型。

（一）优化教学体系

1. 夯实语言基本技能

为了给“一带一路”提供优秀的人才支撑，必须将语言能力提升作为跨文化交际能力培养的重要内容。针对高职学生英语基础薄弱的现状，高职英语教学第一学期在“以实用为主，够用为度”的原则的指导下，加强语言技能训练，夯实学生的听说读写能力，为后续职业英语能力及跨文化交际能力的培养打下坚实基础。在教授语言知识的基础上，根据教材的内容结合文化知识，扩展文化内涵，理解文化的差异。

2. 强化行业英语模块

目前的高职英语教学往往忽视了专业特性和学生未来的职业特点，行业英语课程设置不到位，偏离了学生未来职业的需求，弱化了学生英语实际应用能力的提升。高职教育培养的是技术技能应用型人才，早在 2004 年，束定芳就提出了高职英语渗透行业英语的理念。在第二学期高职英语教学要强化行业英语模块，加强语言与专业的结合，立足于学生未来的职场，将语言技能训练和专业知识学习有机结合起来，培养学生在实际工作中应用英语的能力。

3. 提高文化知识储备

根据区域特点及学生职业规划，高职院校有针对性地选择区域相关度高的丝路国家，在第二到第三学年开设相关丝路国家的文化知识类选修课程以及跨文化交际课程，拓宽学生学习的宽度，挖掘学习的深度，扩大学生的文化知识储备，提高学生对于文化差异的认识和敏感度。

（二）拓展文化维度

英语教学，既要顺应英语国际化的发展趋势，又要兼顾母语文化的自豪感和对世界文化多样性的认同感。学生跨文化交际能力的培养应当浸润与教学过程中，促成语言教育和文化教育的有机融合。

1. 树立母语文化自信

目前的高职英语课程从教材到教学都过多地关注了英语文化的输入，忽略了母语文化知识及对母语文化表达能力的培养。文化交流的不对等导致母语文化失语，从而影响跨文化交际的效果。跨文化交流是一种双向的行为。“一带一路”倡议不仅强调要理解丝路沿线国家的文化，更重视对本国文化的理解和中华文化的“走出去”。传播中国文化是“一带一路”倡议下英语教育不可推卸的责任。高职英语教学应明确中国文化的重要地位，平衡中外文化输入。在教学中增加有关中国文化的语料，多途径地把中国文化植入英语教学，激发学生对中国优秀文化的认同感，培养他们的民族自信心和民族自豪感，引导学生从主观上能用、乐用、善用英语传播母语文化，做好新时代的张骞，在将来的对外交往中自信地弘扬中华民族优秀文化。

2. 尊重丝路各国文化

目前的文化教学内容仍以英语国家的文化为主，没有融入最新的时代要素，未能充分考虑“一带一路”倡议背景，存在着丝路沿线国家文化断层或文化缺失的问题。面对“一带一路”下多元的各国文化，教师要帮助学生树立正确对待不同文化的态度，深入理解“一带一路”沿线国家的历史、政治、经济状况和文化差异，尊重文明的多样性和文化的多元性，通过文化比较，提升文化理解力和包容度，培养学生成为兼具中国情怀和国际视野的“一带一路”高素质人才。

（三）丰富教学方式

传统的英语教学单一地进行语言技能的训练，无法培养学生实际语言应用能力，不能满足交流的需求。在信息化的时代背景下，教师应采用多样的教学方式，依托新兴的科技手段和发达的信息技术拓宽英语教学的途径，利用慕课、微课等将英语教学延伸到课堂以外，打破英语课堂教学空间和时间的限制。

跨文化交际发生在真实动态的语境中。在培养学生的跨文化交际能力时，可采取体验式教学法、情景式教学法、案例教学法、项目教学法等创设仿真课堂跨文化环境，学生通过扮演跨文化角色、案例重现等形式体验跨文化交流，并通过分析、讨论跨文化交际中成功和失败的例子进行反思，树立批判性思维能力。

为了提高学生的英语实际应用能力，要加强实践教学，积极联系与“一带一路”沿线国家有合作项目的企事业单位，建立可供学生进行语言实践的基地，开展校外实训，培养学生在真实职场环境中使用英语从事岗位相关业务活动的能力。

此外，还可以充分利用第二课堂，发挥各类社团的作用，开展丰富的文化专题活动，加强跨文化交际训练。

（四）更新教材内容

教材处于教学的中枢地位。教材的内容既要符合高职学生英语水平，又要符合他们的学习习惯，且要融语言知识、技能传授及文化信息为一体。

在目前高职院校使用的英语教材中，最大的短板是教材内容上的文化缺失，缺少中国文化和丝路国家文化的内容。“一带一路”倡议为英语教材建设带来了挑战。教师要与时俱进，根据“一带一路”应用型人才需求及学生需求进行教材建设，精心筛选语言材料，编写、选择、使用具有中外文化元素的英语教材，将中国文化与丝路国家文化融入高职英语教材中，尤其是要结合地域特色，补充当地与“一带一路”建设有项目合作的丝路国家的文化。

（五）加强师资建设

教师是教学的实施者，教师的知识水平、文化素养会对学生跨文化交际能力的培养产生重要的影响。

高职英语教师虽然具备了较扎实的英语语言基础，但文化积淀不够。一方面英语教师自身存在着中国文化素养不够及文化平等意识缺失问题，缺乏对母语文化的理解和传播力，对学生母语文化的输入意识不强；另一方面教师对世界多元文化缺乏洞察力，不能满足“一带一路”倡议的跨文化交际要求。

“一带一路”倡议对英语教师能力提出了更高的要求。高职院校应以人类命运共同体思想为基本导向，重视和加强英语教师的再教育，尤其是与“一带一路”倡议相关知识的再教育，丰富教师的跨文化体验。其次，英语教师自身应树立起多元的价值观，深入研读我国的传统文化及当代的优秀文化，并对“一带一路”沿线国家的文化进行研究，拓宽国际视野，提升文化素养，在教学中起到言传身教的作用。

“一带一路”建设需要大量具有扎实的专业知识、较强的语言能力及较高的跨文化交际能力的复合型人才，因此英语教学改革势在必行。高职英语教学必须落实学生跨文化交际能力的培养，从课程体系、文化内容、教学方式、教材资源、师资队伍等方面进行改革，培养服务于“一带一路”建设的具有国际化视野的应用型人才。

第四节　高职旅游英语教学中跨文化交际能力的培养

自习近平总书记提出“一带一路”倡议后，中国与沿线国家的往来越来越紧密，加强合作共赢关系。高职旅游英语专业学生在这样的背景下，提高跨文化交际能力是十分重要和必要的，相对以前的学习模式有了更高的要求。有针对性地培养学生文化交际能力，提高学生跨文化交际质量，使学生能在新时期“一带一路”视域下找到自身的价值，以满足国家发展需求和学生自身发展需求。

早在 2013 年，习近平总书记提出“一带一路”发展倡议，国内各个行业依托“一带一路”，在国际上加强合作共赢。随着全球经济一体化发展，中国和“一带一路”沿线国家进行了更密切的沟通，在交流范围和内容上有了更大的突破。国内企业与沿线国家有了更深入地了解，其中少不了文化冲突。不同文化之下包容互鉴，文化交际和语言沟通在其中是首要考虑因素。高等职业学校学生作为进入企业工作的重要力量，在旅游英语教学中应该有更明显的针对性，才能更好地培养出一批跨文化交际能力优秀的学生，为企业实际需求输送中坚力量。

一、“一带一路”背景下旅游英语人才的实际需求分析

“一带一路”正全面推进，中国正着力推进和沿线国家的合作与对话，国际上使用的语言一般为英语，沟通时不可避免地有文化交流。在这样的背景下，英语和旅游专业人才以使者身份将两地文化、语言有效地沟通，使“一带一路”得到更好地推动和发展。满足英语和旅游方面的人才需求显得尤为迫切。“一带一路”发展不应局限于经济合作，更重

要的是在各个领域全方位地沟通，真正实现人类命运共同体。英语和旅游专业人才除了需要具备扎实的语言基础外，还必须熟悉自己国家的语言，理解、尊重对方国家的风俗习惯和宗教信仰，甚至是深入学习对方国家的思维方式。

二、影响高等职业学校学生更好地掌握跨文化交际能力的因素分析

对跨文化交际学科深入研究后发现，学习语言最基础的是学习文化，学习文化能够有效地促进学习语言，语言和文化二者是互相联系、相互促进的。语言本身是文化的载体，文化更需要以语言形式展现出来。语言中有较多的文化信息，离开文化学习语言是行不通的。旅游作为英语文化中的学习方式之一，以旅游的视野通过深入学习语言掌握文化，对比我国文化，这种冲突式学习能够促进对文化地深入理解，不同文化背景的两个地方可实现有效地交流。

（1）影响旅游英语专业学生培养跨文化交际能力的主要因素。主要概括为两个方面：一是文化方面的影响，二是人的因素。文化方面：思维方式的差异、语用障碍、文化背景的理解障碍三个方面。思维方式上，英语国家以更重视逻辑为特点，中国文化更重视感觉为特点；语言上，我国教学阶段多次改革，当前仍以应试教育、语法教学、词汇理解为突出表现，国外则更重视语言应用；文化背景上，各个国家和民族有不同历史和传统，风俗习惯的差别使各个国家呈现出不同风格，直接影响人的习惯等。人的因素主要集中在旅游英语专业学生和老师。高职学校学生专业性较强的文化背景知识较为薄弱，语言和文化重视程度、学习热情参差不齐；师资团队上，教师虽具备扎实的英语语言和旅游文化基础，但亲身经历局限性较大，对文化知识的理解和技能掌握相对欠缺，且缺乏一定的国际视野，对文化的敏感度不够，现场跨文化交际能力相对较为薄弱。

（2）培养旅游英语专业学生的跨文化交际能力的原则和目标。世界上各国各地文化知识丰富多彩，都有自身的特点和共同点，在培养学生跨文化交际能力上可按照一定原则结合现实目标完成教学。在原则上，首先需要重点考虑相关性原则，在教材中使用的所有语言知识一定要结合当地文化，以旅游形式展开，内容关联性较强，且蕴含着较为丰富的文化知识。再者，是遵循系统性原则，旅游英语专业作为文科性专业，应该根据主要往来国家的实际情况，制定一份针对文化有详细导入的大纲，将跨文化交际课程作为重点，教学中重视语言和旅游内容和当地文化特色相适应。还有对比性原则，教学上教师不仅需要讲述对方国家的文化，更应该重视总结、归纳、对比，将中国文化和当地进行对比，形成冲突的同时使学生更好地掌握语言和文化，加深对两种文化的理解，在很大程度上避免因为文化出现迁移后造成语用失误。在培养目标上，根据社会和企业单位实际需求，“一带一路”倡议下，跨文化交际能力的培养可从学生对文化的理解、对待文化的态度、交际技能和学习适应技能三方面展开。文化理解上，学生首先应该对本土文化从旅游角度具备深入地见

解，才能在对比学习后将这种学习能力迁移到其他文化中；对待文化应有正确的态度，旅游英语专业应该尊重异族文化的差异，肩负着将本土文化推广出去的使命，更需要具备学习异族文化精髓的能力；交际技能学习能力上，学生应该以各种方式了解不同文化背景的人的处事方式、生活方式，学习以地道的对方国家语言展开交流，和对方融洽相处。

（3）培养旅游英语专业学生跨文化交际能力的内容。在跨文化交际领域学习上，仔细阅读对方的理论可将共同点和不同点顺利归纳出来，在跨文化交际能力培养上，可重点对认知能力、情感态度能力、行为能力三方面进行培养。认知层面上，进行实际的跨文化交际不仅需要一般的文化知识，还需要在特定文化上有重点地、深入地理解，熟悉其他国家各个方面的文化知识。情感方面上，跨文化交际的人不仅需要具备高度的文化差异敏锐度，更需要对我国文化有深入地理解，肯定我国文化，对异族文化持有包容和尊重的态度。行为层面上，跨文化交际的人需要深入学习语言表达能力、变通能力、适应环境的能力、异族文化中恰当处理事情的能力等。

三、培养高等职业学校学生更高跨文化交际能力的途径

高等职业学校旅游英语专业学生想要更好地掌握跨文化交际能力，实现以上目标，需要学校和学生双方共同付出努力。

（1）教材选择。在选择教学教材方面，以往的教材内容和结构较为单一，对旅游技巧、英语词汇和语法较为重视，文化内容涉及相对较少，跨文化内容更少。文化在学习阶段应该是连贯且有阶段性的，高职旅游英语专业学生入校后首先应该对旅游业和英语专业有一定的掌握，语言技能训练作为主要学习，适当增加文化内容。当语言阶段有一定提升后，本土文化也有一定的理解，这是学习和理解异族文化，要求学生以本土文化的学习技能深入掌握异族文化的特点。随后专门设置跨文化交际这门课程，根据地域特点和语言水平选择合适的教材，系统地对待不同文化之间的差异，增强学生跨文化交际能力，提高学习能力。

（2）营造学习园地环境。搭建平台，在旅游英语专业的学院走廊、实训室或课程教室之处，放置以英语文化为主的宣传资料、学习资料，并对“一带一路”相关政策进行宣传，使学生学习后明白自身肩负的使命和发展目标，进一步提高学生学习兴趣。此外，还可增设俱乐部、跨文化交际英语角等多重娱乐和学习并存的社团活动，定期和不定期举行各类讲座、交流会等，邀请外贸企业家在校开设讲座，一方面讲解当前企业需求，另一方面抛砖引玉，介绍异域地区的文化，展现异国风情，提升学生学习激情。

（3）多媒体宣传，课外阅读。学校和师资团队可结合多媒体宣传“一带一路”，讲解不同文化相关的知识，以课程讨论、调研方式要求学生经过摸索学习，结合多媒体将所学知识展现在大众眼前，对提高学生自学能力、展现自我能力都有很好的效果。老师应该推荐较为经典、积极正向的英语电视电影，使学生了解异族文化有独特之处，开阔学生的文化视野。课堂上应该正确引导学生阅读旅游英语相关杂志、网站，其中不乏较好的文化知

识素材，对学生日后自我提升有很重要的帮助，可通过作业的方式，鼓励性地要求学生学习，提高文化修养，开阔学生国际视野。但在选择和推荐的同时，教师应重视结合学生的特点和能力，不同程度的学生应该有不同的要求，鼓励优秀的学生更好地掌握相关知识。

高职学校旅游英语专业学生在“一带一路”背景下，可通过多种途径开阔国际视野，培养异族文化，重视对自身文化的理解，以对比方式学习，对培养学生跨文化交际能力有较好的帮助，对更好地推进“一带一路”有非常深刻的现实意义。

第五节　高职英语口语教学中跨文化交际能力的培养

语言是文化的载体，文化是语言承载的内容。语言与文化相互影响，相互作用，语言传播并继承文化，文化推动且促进语言的发展。语言教学是一种文化教学，语言教学和文化教学是提高学生跨文化交际能力的两个重要方面。在高职英语口语教学中，既要培养学生的语言技能，又要注重文化教学内容的导入。

一、跨文化交际与英语口语教学

文化意识是语言交际的基础，文化知识是语言交际的具体内容。跨文化交际在英语口语教学中发挥着至关重要的作用，英语口语教学推动跨文化交际能力的发展，跨文化交际能力培养有助于丰富英语口语教学，跨文化交际与英语口语教学相互依赖、相辅相成。跨文化交际下的英语口语教学要实现语言教学与文化教学的紧密融合，不仅仅是传授语言知识，还要培养学生的跨文化意识，提高学生运用英语进行跨文化交际的能力。

二、培养高职学生跨文化交际能力的重要性

教育部在其颁布的《高职高专教育英语课程教学基本要求》中指出，不仅要打好语言基础，更要注重培养实际使用语言的技能，特别是涉外业务活动的能力，如何培养学生的跨文化交际能力是高职英语口语课程建设的重要内容。传统的口语教材重视语言形式，忽视语言在实际交际场合的运用；教师重视语言形式的正确性，对语言形式的得体运用及目的语文化知识介绍却很少教授；学生过于依赖教师，缺乏学习自主性，认识不到语言和文化的密切相关性。在高职英语口语教学中注重跨文化交际教学，不但可以激发学生的英语学习兴趣，还能够加深学生对异域文化的理解，增强学生的跨文化意识。

三、高职英语口语教学中培养跨文化交际能力的途径

高职英语口语教学要注重学生跨文化交际意识的培养，将语言教学与文化教学紧密结合起来，把文化教学融入语言教学中，增强学生的跨文化交际意识。

（一）重视文化知识的导入，培养学生用英语思维的习惯

促进对目的语言文化的理解与重视是英语教学的重要目标，而交际能力并不能通过语言技能的训练自动获得，文化背景知识的导入有利于学生准确理解教材内容，有助于学生了解异国民俗风情，提升学生的语言运用能力和文化素养。思维方式对跨文化交际产生了重要的影响，在英语口语教学中，教师应营造轻松、愉悦的目的语交际氛围，培养学生养成用英语思维的习惯，可以利用语言文化场景的多样性，根据学生的语言水平，选择学生感兴趣的文化主题，有意识地将异域文化客观真实地展现给学生，指导学生熟悉、了解文化背景知识，帮助学生在跨文化交际中能够准确、得体的交际，在潜移默化的语言习得中培养自身的文化意识。

（二）优化英语口语评价体系，实现跨文化交际能力的多元评价

语言教学和语言测试相互影响、相互作用，口语评价方式在跨文化交际能力培养中发挥着重要的导向作用，口语测试对口语教学起反馈作用，口语教学推动口语测试的进一步优化。设置合理的口语评价体系，将形成性评价作为评估的重要方式，对学生进行目的语文化背景知识和跨文化交际能力的测试，发现学生在跨文化交际中易出现的文化错误，实现有针对性的跨文化交际能力培养。

（三）充分利用互联网资源，构建互动交流的英语口语教学环境

英语口语教学要在互动的交流环境中进行，而高职英语口语课堂教学在教学时间、教学方法、教学过程等方面都存在不足，要实现培养学生的跨文化交际能力目标，仅凭课内的学习是远远不够的，丰富多彩的课外活动是课堂教学的补充和扩展，教师应充分利用课外活动的灵活性和多样性，激发学生的学习兴趣。而互联网时代的到来，大量互联网资源可用于英语口语学习，学生能够随时、随地进行个性化、立体化的自主学习，这样既可以有效地弥补课内传授文化知识的局限性，又能拓展学生的视野，让他们积累文化背景知识，提高对中西文化差异的敏感性和鉴别能力。

跨文化交际能力培养是高职英语口语教学的重要目标之一，要始终贯穿于整个英语教学过程中，特别是英语口语教学之中。

第七章　跨文化背景下高职英语教学的基本内容

第一节　跨文化背景下高职英语翻译教学

随着全球化进程加速，各个国家之间的联系愈发紧密，交流也越来越频繁。而在联系交流过程中，便需要大量的翻译人才。高职院校作为英语翻译人才培养的重要阵地，应该清楚地认识到自己身上的重担，紧跟时代发展步伐不断地创新和发展，以便为国家发展提供更多高素质、高水平的英语翻译人才。基于此，本节主要从跨文化视角下进行了高职英语翻译教学策略的分析研究，希望能够为相关人员提供帮助。

我国当前的高职英语教学发展趋势来看，翻译教学应该从文化角度入手，注重文化导入，培养综合实用型以及高素质的翻译人才。跨文化视角下的翻译教学给高职英语翻译教学带来了很多全新的教学理念与思路，而且对于高职英语翻译教学发展也有着很大的促进作用。为此，高职学校应该加强重视，并且积极采取措施落实和应对，以便达成更为理想的教学目标。就这一方面来说，加强跨文化视角下进行了高职英语翻译教学策略研究意义重大，具体分析如下。

一、跨文化视角下高职英语翻译教学中存在的问题

（一）翻译过程生硬

就英语翻译工作而言，对于学生英语综合运用能力有着很大的考究，不过就具体情况来看，部分学生的英语水平有限，掌握的英语词汇量也不是很多，再加上母语的影响，使得整个翻译过程显得非常生硬，一般都是将英文直接翻译成中文，对于原文语境等方面相对忽视，导致译文中文化现象十分严重。除此之外，在英语翻译学习中，学生对于各种翻译软件有着很强的依赖性，一般都是对原文单词进行翻译，并且在具体翻译中，部分学生还时常出现错用词组和词汇的情况，语法错误明显，严重影响翻译效果。

（二）忽视了学生跨文化意识培养

学生在日常生活和学习中直接性的英语文化体验缺乏，这一现状使得很多学生英语文化基础薄弱。而且，因为汉语是我们的母语，所以学生在成长过程中会接触到很多汉语文化，并且在翻译过程中会受到这种文化的影响。除此之外，在具体教学实践中，因为教师不重视学生的跨文化意识培养，学生也潜移默化地受到这种文化的影响，进而在日常学习中忽视了中英语言文化的比较和积累。这一问题的存在严重影响到学生跨文化意识的提升，翻译能力培养也受到很大阻碍。

在高职英语知识讲授中，教师主要关注学生的学习能力和知识，但是忽视了激发学生的跨文化意识。在平常的英语知识的讲授中，教师也没有让学生积累知识，学生学习非常薄弱，也不能准确翻译文章。还有的教师虽然会为学生拓展西方的文化，但是没有让学生系统的学习西方文化，学生在课余时间也很少用英语进行交流，再加上教师没有发挥好引导的作用，掌握的西方文化的知识就比较少。

（三）不注重翻译教学

翻译具备着专业性、复杂性等特征，因此要想更好地学习，需要学生有着扎实的基础知识与丰富的文化积累，同时还得有很强的翻译技能。不过在教学实践中，很多教师会将大部分时间与精力放在听说读写上，对于翻译比较忽视。此外，还有部分学校对于翻译课程没有进行太多的安排，这样便严重影响到学生翻译技能和技巧的强化。就学生来说，由于受到应试教育的影响，他们大都注重单词的背诵和解题技巧的提升，对于自身翻译素质相对忽视。这些种种使得高职英语翻译教学难以顺利地开展，阻碍到学生跨文化意识的提升。在高职英语知识的讲授中，翻译能够体现出学生的核心素养，学生需要具有英汉两种语言的素养，需要全面学习知识。翻译是比较复杂的，学生需要具备语言意识。在文化翻译的背景下，翻译首先是一种行为，是不同文化之间的交流碰撞，不单单是对语言进行转换。学生在翻译的过程中是有能动性的，需要具备语言、语言外、转换等方面的素养。但是，高职院校中的学生英语水平非常差，对翻译缺乏积极性，运用多种渠道进行深度学习的意识也是比较薄弱的，也没有很好的翻译能力。另外，学生由于翻译能力比较差，只是将翻译看成是词汇之间的转换。实际上，学生应该发挥主观能动性，不断地进行拓展。

（四）师资队伍缺乏

就目前情况来看，高职院校翻译教学中最为显著的一大问题便是师资力量薄弱，而且整体素质也较低，大部分都是年龄较大的教师。而对于这部分教师而言，由于没能接受过专业的英语教学训练和专业教育，所以教学手段十分落后，思维也比较固定，很难有效地满足现代化社会对英语翻译教学的要求。

（五）没有充分对文化语境进行理解

语言是文化的载体，翻译会涉及两种语言和文化，学生需要在特定的语境中才能进行翻译。但是，在实际的教学中，学生在生活中很少会运用英语，他们学习水平也比较低，体会不到原文的文化内涵，也不了解西方的历史、文化和习俗。再加上学生的语文素养非常高，在翻译英文时会受思维定式的影响，没有充分对文化语境进行理解或者经常对文章进行直译，没有在原文语境中翻译，也不能充分表现出原文的文化内涵，甚至会在翻译中出现错误。

二、跨文化视角下高职英语翻译教学策略研究

（一）重视英语翻译跨文化教学

语言和文化联系紧密，相互依托促进，因此，高职英语教师在教学实践中，必须得加强注重英语文化背景的渗透，要不然的话很难达成理想的效果。就这一方面来说，需要教师加强注重英语跨文化教学，并着手进行学生跨文化意识的培养。要想更好地达成这一目标，最为首要的任务便是促使高职英语教师积极转变传统教学观念，将英语文化教育渗透进教学各个环节，以便让学生接触到更为丰富的英语文化知识，实现跨文化意识强化的目的。例如，在翻译教学过程中，教师可以将某一词汇在不同文化背景中的含义进行详细讲解，然后引导学生进行对比分析，这样便能让学生更好地掌握词汇用法，实现对词汇地深入理解。而且通过这种方式，还能有效地开阔学生的视野与知识面，今后再遇见该词汇的翻译也能更为顺利。

为了进一步强化学生对英语文化的了解，高职英语教师还可以将该部分教学纳入考核体系中，并结合具体情况设置合适的目标与内容。同时将学生的考核成绩纳入综合测试中，这样便能使学生从思想上重视英语文化知识，并积极进行学习。与此同时，教师还需要将英语翻译中的文化教学与学生专业相结合，以便进一步增强学生岗位适应能力，为其今后更好地发展奠定扎实的基础。

（二）注重良好跨文化翻译氛围的营造

氛围对于一个人的影响极大，加强注重氛围的营造有助于学生更好地学习。所以，在具体教学实践中，教师还应该注重良好氛围的营造，使得学生能够积极投入至跨文化翻译学习中，并充分展现自身所学。对于学校而言，可以着手构建相关文化交流平台，并且鼓励外教与留学生等参与进来，这样我国学生便有更多的机会和以英语为母语的人进行有效地沟通交流。而在交流沟通中，学生能够更好地了解中西方文化差异，自身英语表达方式也会愈发标准和规范，最终实现跨文化翻译能力的提升。

此外，学校还可以组织各种英语文化课外活动，如英语电影赏析、经典影片台词翻译等，将兴趣与学习有效地结合起来，增强学生学习积极性，促使教学目标更好地达成。同

时，如果有条件的话，学校可以聘请外籍教师担任英语翻译教师，通过这种方式，学生的跨文化翻译能力必定能得到潜移默化的提升。不过必须得注意的一点，学校在选择外籍教师的时候，应该选择中国生活经验丰富和教学能力强，这样他们便能克服文化障碍与学生进行有效地沟通，而且还能自觉换位思考，站在学生的角度思考问题。总的来说，在文化媒介中，外籍教师所扮演的角色十分重要，而学校也应该合理利用这一点，推动学生更好地体会西方文化内涵，最终实现跨文化意识的提升。

在英语翻译教学中，学生在学完英语知识和翻译方法后，需要在不同的文化背景中，将文章准确翻译出来，并将学到的知识和能力运用到翻译中。因此，教师应该多给学生提供学习互动的平台，为学生营造跨文化翻译的氛围。比如，教师可以组织学生参与“英语角”的活动，让外国学生和教师充分参与，让学生提升跨文化交际的能力，感受东西方文化的不同，不断地提升翻译能力。同时，教师还可以组织学生参与英语演讲比赛等活动，为学生营造跨文化翻译的氛围，提升学生的跨文化交际素养。

（三）帮助学生不断地进行跨文化知识的积累

在具体教学过程中，教师应该加强重视学生跨文化意识的培养，并且帮助他们不断地进行跨文化知识的积累。从某一方面来说，英语翻译并不是简单的解码与重组，必须得有着文化意识体现和渗透，要不然将会导致翻译失去意义。翻译是跨文化与跨语言的信息交换活动，如果学生在翻译学习中，忽视了文化差异性，那必定会影响到民族文化的顺畅交流，甚至阻碍语言之间的顺利沟通。因此，在具体教学实践中，高职英语教师应该从思想上给予学生跨文化意识培养的重视，并将培养工作合理落实。

英语翻译教学涉及很多方面，而且知识点也十分多，文化元素非常复杂，因此学校应该选用适宜的方式，协助学生实现跨文化知识的积累，例如，增设中西文化对比、西方文化介绍等相关课程，并在此过程中渗透影视、戏曲等元素，以便帮助学生更加深入地认识到西方文化。同时，教师在日常教学中，还可以鼓励学生将自己的课余时间合理利用起来，阅读各种英文素材，并帮助学生拓展跨文化知识学习的途径，为学生推荐这方面的优质书籍。这样，学生必定可以有效地克服文化差异给自身翻译学习带来的阻碍，最终实现翻译能力的不断提升与发展。

（四）通过中西文化比较推动翻译教学的开展

在教学实践中，高职英语教师应该加强注重引导学生进行中西方文化的对比，以便促使教学更加高效的开展。跨文化视角下的翻译教学其实就是在两国文化同时存在的情况下开展的，因此教师自身需要熟悉中西文化差异，而且还得对这种差异给予充足的尊重，并将其合理渗透进翻译教学中，以便对学生产生潜移默化的影响，使得学生的跨文化意识逐渐增强。

此外，教师还应该针对中西方餐饮礼仪差异、价值观差异、方言差异等等组织开展教学，又或者是设置专题教学。在这一过程中，教师可以将多媒体设备充分利用起来，并对相关知识进行详细介绍，使得广大高职学生可以更加清楚地掌握与了解中西两国文化之间的差异性。然后，高职英语教师就可以针对性地将这部分内容与教学有效地结合，并有意识地引导学生开展对比学习，不断地增强跨文化翻译练习，创设相关教学情境，引导学生进行角色扮演，使得学生能够在实践过程中越来越熟悉中西文化差异，最终实现跨文化翻译能力的提升，达成更为理想的教学效果，促使学生更好地发展。

（五）选拔外籍教师

高校在为学生选择英语教师时不能过于盲目随机，有时选择外教的能力是差强人意的，他们在英语知识的讲授中，不能充分与学生进行互动，出现外籍教师形式化、娱乐化的情况。因此，高校在选拔英语教师时，应该注重选择专业素养比较强的教师，这些教师还需要具备一定的中国生活经验。只有外籍教师站在学生的立场中讲授知识，用中国思维解决问题，才能将东西方文化联系起来，创新教学方法，让学生加强东西方文化的联系。在学生学习英语知识时，与外籍教师不断地交流互动，直观生动地了解西方文化的精神，将文化与翻译紧密相连，在翻译时展现出东西方文化的特征，不断地提升翻译素养。英语外籍教师可以丰富学生的表现手法，加强与学生的互动，提升学生翻译素养，让翻译更加科学完善，具有西方精神内涵。

（六）教给学生不同的翻译方法

翻译并不仅仅是将两种语言进行转换，还涉及两种文化的相互影响和渗透。

直译是不改变原文的表现和意义的翻译形式。这种翻译的形式更加注重民族和地域的不同，需要保持原文的风格和文化特征，也需要锻炼学生的跨文化交际素养。直译是将原文的意义和结构转换成需要翻译的词汇和语句，在保持原文形式的基础上，不失去原文的意义。这样既能展现民族特征，还能接触大量不同的文化，从而丰富语言的表达手段。总之，直译就是尊重原文，无论是内容还是形式都要体现出“信”，但并不是机械上面的翻译。直译也可以是对原文形象生动的翻译，可以体现出丰富的手法和独特的风格，能够体现出独特的精神内涵。意译是指那些不需要运用直译的翻译方法，在汉语中也不能找到恰当的词汇，只能通过意译将原文的意思表达出来。当直译不能表达出原文的意思，也会导致学生阅读理解困难的翻译方法，需要借助意译。

综上所述，随着经济全球化不断地推进，对于英语翻译人才提出了更新和更高的要求。就这一方面来说，高职英语翻译教学不仅需要加强学生语言思维转换能力的培养，同时还得注重应用科学的方法有效地强化学生的文化思维转化能力，促使学生跨文化意识更进一步。此外，在教学实践中，高职英语翻译教师还需要加强注重跨文化教学环节，为学生营造一种良好的跨文化学习氛围，这样必定能有效地增强学生的翻译能力，为社会输送更多优秀的英语翻译人才。

第二节　跨文化背景下的高职公共英语教学

公共英语课程是高职学校的文化基础课程，承担着提升高职学生英语能力的责任。高职学校作为培养我国实践型人才的重要摇篮，在专业技能教育领域形成了自己成熟的教育策略，但是在基础文化知识领域，教育理念和教育方式还相对落后，尤其是英文教育的落后。本节从高职学校的教育实践出发，分析了在英语教学领域存在的问题以及个性化的解决方案，希望能在社会突飞猛进发展的今天，为高职学校培养出社会需要的实践型人才提供一定的借鉴作用。

伴随着我国改革开放进程的加深，我国已被席卷进入世界竞争行列，英语是目前为止世界上使用和流传最广泛的语言，学习英语在引进国际先进管理和生产技术、传播中华优秀传统文化方面起着无可替代的作用。高职学生基础知识薄弱，尤其是英文素养较低，再加上高职学校主要培养社会技术性人才，重实践、轻理论一直是高职学校的教育通病，在多重因素的共同影响下，高职学校的公共英语课程存在很多问题，严重制约学生毕业后的职业发展。

一、高职学校开设公共英语课程的意义

语言是一个民族文化的代表符号，学习外国语言其实就是在了解外国文化，通过文化交流进行优秀技能的提升。在英语教育中，不能只进行词汇和语法的学习，要深入了解语言产生的环境和习俗，只有充分知悉英语逻辑思维才能学好英语。高职学校开设公共英语课可以让学生树立国际视野，通过英文学习具备英语运用能力，通过参考外文文献或者和国际技术精英交流，了解现在的国际技术前沿，发现自己的不足进行弥补。此外，我国现在工厂实践中，高精尖设备的核心零件大部分是外国知识产权，学习英语还可以帮助技术人员了解设备运行机制，为我国自主研发核心零件创造条件。伴随着我国综合国力的提升，学习英语也可以在与外国人交流的同时传播我国优秀文化，提升我国的文化软实力。

二、高职学校在公共英语教育中存在的问题

高职学校在英语教育领域存在很多问题，归纳起来主要有以下几点。

（一）教育目标模糊

高职学校承担着培养社会实践型人才的责任，在英语教育领域应当着重提升高职学生的英语表达能力。但是传统的英语教育过分注重学生的词汇量和语法的积累，只关注学生是否会背、会写，忽视学生能否开口使用英语与外国人交流。高职学生英语基础薄弱，书面化的英语教育不仅无法让学生提升英语技能，而且会打击学生学习积极性，英语教学效

果不能达到教学大纲的要求。高职学校培养出的学生在社会中承担着技能支撑的作用，但是传统的英语教育模式与实践型人才培养目的相违背，这就模糊了学生学习英语的根源，教学质量较差。

（二）应试教育明显

现阶段高职英语课程教学大纲主要分为英语基础阶段和英语专业阶段。英语基础阶段主要进行英语语法和英语单词的讲授，但是这些教学内容在高中阶段都进行过系统教育，在高职阶段再进行重复学习，无疑是浪费时间。国际成熟的教育理念要求英语教育应当为专业服务，基础教育掺杂在专业教学中，倘若专业教学不需要，相关英语基础便没有学习的必要。但是，我国高职学校传统的英语教学重基础、轻专业，这无疑是本末倒置、喧宾夺主。在传统教育理念指导下，公共英语过分注重阅读能力的培养，英语语言内涵基本不涉及。这种方式培养出来的学生无法与外国人正常交流，学生只会“哑巴英语”。即使部分高职学生凭借自己高超的语言禀赋能够与外国人进行简单的交流，但是在社会实践中，基本的寒暄无法满足专业领域的需求，仍旧无法达到社会需要的程度。所以，高职学校要从学生专业入手，根据实践需要进行公共英语学习。

（三）学生英语基础薄弱

高职学校校企联合培养模式不断地发展，这就导致高职学校培养的大部分学生是从一线工厂招录进来的。这些学生往往是高考落榜或者高中都没有毕业直接进入社会的工人，这些学生基础知识储备极其差，尤其是英语、数学、物理、化学等学科，连最基本的知识都没有掌握。此外，这些学生对英语的学习态度极度不端正，他们认为，自己只要不出国或进去外企工作就没有学习英语的必要。在这种思维引导下，学生会在英语课堂上学习其他课程，英语学习热情不高，甚至有部分学生对英语产生排斥心理，这就导致公共英语学习质量较差。高职学校的学生词汇储备低、语法基础薄弱，即使有少部分学生具备英语学习天分，但是在传统教育模式下也无法提升英语素养。

（四）教学条件落后

高职学校在我国高等教育体系中处于补充地位，由于发展较慢，很多在普通高等学校普及的设备，在高职学校中仍没有配备，尤其是语言类教学设备。高职学校过分注重专业技能的培养，忽视语言教育，更不会投入大量人力和物力资源丰富英语教学设备。一方面是我国社会突飞猛进发展，多媒体和计算机不断地普及；另一方面是高职英语教学设备简陋，以黑板和粉笔为主，正反两个方面对比，更加突出高职英语教育的落后。设备的简陋便会制约教师教学水平的提升，高职学生本来英语基础就比较薄弱，简陋的教学设备恶化了英语教学环境，进而形成恶性循环，进一步降低公共英语课程的教学质量。

（五）教学方式枯燥

教学设备简陋直接限制了教学方式的优化提升。此外，高职学校英语老师数量严重不足，为了保证学生的英语教学进度，会采取大课的方式进行英语教学，英语课堂上一般都会有上百学生同时进行学习，英语老师在对数量庞大的学生进行英语教学时，不能照顾学习能力较低的学生，也无法引导学生开口练习，更无法纠正他们的发音和语法错误。这就导致英语教学流于形式，倘若学生英语学习自主能力较差，英语课程对他们来说就是一种时间的浪费，因此，公共英语课程教学质量无法令人满意。再加上在应试教育体系中，考试是考查学生英语能力的主要方式，这就使得学生在进行英语学习时只注重英语考级，忽略英语应用能力的提升。在这种培养模式下，学生可能会取得很高的英语等级，但是仍然无法和外国人进行简单的交流，这种学生不能满足社会的需求。

三、优化高职学校公共英语课程可采取的措施

（一）明确英语教学目的

英语作为一种语言学科，学习的主要目的是能灵活使用，通过英语技能的培养，确保学生能够熟练地使用英语和外国人进行交流。高职学校在进行英语教学时要明确教学目标，以培养学生英语应用能力为主，英语教学要辅助未来工作需要，通过实践机会的创造，让学生在社会实践中提升英语技能。

现在很多高职学校意识到了英语教学中存在的问题，且在对高职学生调查访问中发现学生认为，英语学习实用性较低、课程学习和工作岗位有很大的脱节。为了改善这个状况，高职学校必须优化培养方案，对社会进行深入调研，掌握社会对实践性人才的需求，以社会需要出发进行英语系统教育，改革公共英语体系。在这个改革过程中，可以进行英语的EPS探索。比如，第一学期主要进行职场英语学习，让学生掌握在职场交往中如何正确使用英语；第二学期加强通识英语的教育，在巩固学生职场英语的基础上，根据不同专业岗位需求，计划同时英语教育。在这种教育模式下，学生的理论能力和英语应用能力都能得到较高的提升，且从学生专业出发，针对性的英语教育确保学生具备岗位需求的英语能力。这种教育模式能让学生领悟到自己所学的英语知识是在为未来工作奠定基础，提升他们英语学习的自主性，确保学习效果。

为了优化高职学校的英语教育，需要进行多方面改革。但是，如今，高职学校教师队伍无论是数量还是质量都无法满足社会需求。因此，高职学校要打造坚实的教师队伍、提升英语教师质量，为公共英语课程改革奠定坚实的教师基础。此外，沟通英语老师和专业老师的交流渠道，尤其是在英语教学时，英语老师要了解专业课程的教学内容和社会应用前景，在对学生专业技能领域充分了解下进行个性化的英语教育。学校还有注重对英语老师进行专业化技能提升，要提升英语老师的实践能力，老师应当进入企业实习，了解职场英语的发展变化，在此基础上对学生进行高质量英语教育。

（二）丰富教学方式

传统的教育模式以老师讲授为主，学生只能被动地进行英语学习，这种枯燥的教学方

式会严重打压学生的学习积极性，让学生树立英语学习只是为了应付考试的错误思想。为了改变这个教育状况，高职学校要丰富课堂形式，从学生的兴趣出发。在教学实践中，老师要对学生进行激励式教育，鼓励学生多张口练习，即使面对学生的错误也要以正确的方式纠正，不要打击学生学习英语的积极性。面对基础薄弱的学生，但凡学生有稍微的进步，都要进行鼓励，逐渐提升学生学习英语的自信心。此外，老师要注重树立榜样的力量，通过树立学习典型让其他学生向模范学习，形成良好的学习氛围，激发起学生的好胜心，让学生之间形成良性竞争。课堂上倘若学生拼错了单词、说错了语法、发音不准确，老师不应该公开批评学生，而是要在纠正学生错误的同时表扬学生敢于回答问题的勇气，让学生树立“答错不可怕，不敢答才可怕”的思维。只有这样才能让学生有学习英语的兴趣，积极主动地进行英语学习。不同的学生语感和语言学习天赋不同，在经过一段时间学习后，学生之间的英语水平会有很大的差距，此时，要进行分班教学，分成英语学习 A、B、C 班，根据学生的英语基础进行个性化教学，C 班的英语教学进度要慢于 A 班，教学深度也要浅于 A 班，C 班英语教学主要是进行英语基础教育，让学生能够用英语进行简单的交流，A 班则要加深学习深度，让学生可以熟练掌握专业领域的基本词汇，可以和外国人在专业领域进行一定程度的交流。

高职英语课堂应当以小组形式进行，老师在课堂上提出问题后学生要在小组内进行讨论，经过充分讨论后小组选派一个代表用英语表达小组讨论的结果。小组代表采取轮流形式，让每个学生都有开口练习英语的机会。

（三）升级教学设备

现如今我国网络基础设施建设不断地完善，电脑、手机、平板等通信设施不断地普及，在互联网助力下，众多领域都得到了质的飞跃，高职英语也应该借助科技的力量。高职学校要进行技术升级，不仅要在专业设备领域进行提升，还要优化语音播放设备、语音对话设备、更新语音室设备等英语学习设备的升级，通过智能化技术帮助学生进行英语学习。让学生借助互联网平台观看国际先进技术学校的公开课，在提升学生英语水平的同时拓宽技术视野。

综上所述，英语是当今世界使用范围最广的语言，我国虽然经过改革开放一跃成为世界第二大经济体，但是，在核心技术和科技竞争力层面仍处于世界的中端，在国际竞争中受到发达国家的技术制约，只能凭借巨大的环境和资源成本换取微薄的利润。伴随着我国市场化竞争的不断地深入，社会对人才提出了更高层次的需求，为了学习国外先进技术、培养出引领社会发展的人才，我国必须要重视英语教育。高职学校作为实践性人才重要培养摇篮，必须要让学生树立正确的英语学习意识，明确英语学习是为了引进国际先进技术、提升自己的技能水平。但是，现如今我国高职学校在英语教育中存在思维、设备、教学方法等问题，必须进行针对性纠正，通过多种渠道提升高职学校的英语教学质量。

第三节　高职院校英语跨文化阅读教学

《高职高专教育英语课程教学基本要求》中明确规定，高职高专教育英语课程的教学目的之一是使学生能在涉外交际的日常活动和业务活动中进行简单的口头和书面交流，并为今后进一步提高英语的交际能力打下坚实基础。《要求》中特别提出了高职高专教学中需要注意的几个问题，其中包括：高职高专教育更要注重培养实际使用语言的技能，特别是语言基本技能的训练和实际从事涉外交际活动的语言应用能力。从《要求》中，我们不难看出，在高职高专英语教学中，交际能力的培养尤为重要。在经济日益发达，国际的政治、经济、文化等领域的交流合作越来越频繁的国际环境下，如何培养和提高大学生的跨文化交际能力，开始受到越来越多的关注，而在英语从教人员中，也掀起了一股讨论的浪潮。很多人认为，跨文化交际中，听、说是重中之重，而笔者则认为，跨文化阅读是读者获得信息和异国文化的有效地渠道，是进行跨文化交际的基石，这点对于高职高专生来说更是如此。在多年的高职高专英语教学中，笔者对跨文化阅读教学的必要性以及如何提高学生的跨文化阅读能力进行了一定的研究总结，现将笔者的观点阐述如下。

一、跨文化阅读教学的必要性

跨文化交际（Intercultural Communication/Cross-cultural Communication）是指不同语言文化背景的人们之间的交际。贾玉新教授曾指出："跨文化交际能力是外语教学的最终目的，语言教育在很大程度上是文化教育。"跨文化交际能力不仅仅指语言的沟通，还包括对异国文化的充分了解和深入思考。文化的注入，在英语学习的理论层面和现实意义上都具有不可替代的重要地位。

（一）关联理论与跨文化阅读理解

关联理论（Relevance Theory）是 Sperber 和 Wilson 于 1986 年提出的有关话语理解的理论。根据关联理论，人类有着共同的认知心理，人们总是通过相关信息来认知事物。关联理论认为，理解话语的过程是一个明示——推理的交际过程。推理实际上就是寻找说话人的话语与受话人认知的关联。理解话语的语境要素大体分为三类：①话语本身；②言语交际发生的行为环境及场景；③共有常识。而阅读理解是一种书面的语言交际，从关联理论角度看，它实际上是一种语用心理推理的过程。读者只有根据话语的语境要素，从中找到最佳关联点，才能很好地理解话语的真正含义。对于外语学习者来说，找到最佳关联点，理解话语真正含义的难度比身处同类文化的人要难得多。因为，笔者在写作时，常常会不自觉将一些毋庸赘言的文化信息省略，在话语中留下"文化缺省"

(cultural default)。同类文化的人会在阅读中自然填补“文化缺省”，而异类文化的人，如果缺失跨文化知识，则很难建立相关语境，导致理解障碍。例如 My wife left me without a word at the end of March，leaving only a Dear John letter on the table.(引自英国国家语料库 BNC)对于这句话，很多读者难以理解其中的意思，其原因是不了解这句话的文化背景。在二战期间，无数的美军远赴重洋去打仗，一去就是好几个月甚至几年。很多士兵的妻子或女友都决定不再等他们，而是开始一段新的恋情，她们总是以充满爱意的称呼来开始她们残酷的分手信，如“Dear John”。后来，人们就将“Dear John letter”定义为分手信。对于我国读者来说，不了解这种分手信含义的文化由来，就很难根据“Dear John letter”一词建立相关语境，自然无法理解话语的真正含义。可见，从关联理论来说，了解文化背景知识，对于阅读能力和阅读水平的提高至关重要。

（二）影响高职高专学生阅读理解能力的主要障碍

从笔者数年对高职高专生跨文化阅读理解能力的分析和调查来看，影响其跨文化阅读理解能力的主要障碍包括以下方面：

知识水平障碍。高职高专生在知识水平和知识结构上和本科院校的学生相比还是有一定差距的，他们之中不乏一些英语基础十分薄弱，词汇量极其匮乏的学生。在阅读过程中，词汇对于英语阅读的重要性不言而喻，没有足够的词汇积累，英语学习活动很难开展，更谈不上运用技巧并将知识吸收转化为技能了。

学习动机和学习兴趣障碍。笔者对所带学生做过随机问卷调查，问卷显示，将近一大半的学生将自己的学习目的归于考试合格并能够拿到毕业证书，只有少部分学生将自己的学习动机定位为应用英语语言，在日常及今后的工作中能顺利地用英语交流。可见该学生群体学习动机缺失，学习目标不明确，将英语学习看作是应付考试，导致主动阅读的欲望缺失，并难以体会到阅读过程所呈现出的语言魅力和趣味，自然也没有了学习兴趣。

跨文化障碍。语言不是孤立存在的，它深深扎根于民族文化之中并且反映该民族的信仰和情感。因此，语言既是文化的一部分，又是文化的载体。在阅读中，文化障碍存在于语言的各个层面，比如词汇、句子以及语篇。同一个词语，在不同的文化背景中有着不同的定义。比如 green 和 blue 这两个词对于很多中国学生来说单指颜色，而在英语中 green 有嫉妒的含义，green with envy 就表示十分嫉妒，blue 有忧郁沮丧的意思，in blue mood 表示情绪低落。英语的俗语和谚语也有着特定的文化背景。如果不了解相关的文化背景知识，则很难理解这句话。英语语篇在形式、风格、结构和模式等上都与汉语有所不同。英语偏向于开门见山，在篇首用上一句开宗明义的话语，而汉语习惯采用委婉隐晦的方式，将所要叙述的事情娓娓道来，通常篇尾才出现要叙述的重点部分。同时，英语语篇中重视语句的连贯，往往会用上很多连词和短语来达到语义连贯。而汉语则不太注重语言形式。综上所述，文化因素在跨文化阅读中的作用不容小觑，要想更好地理解作者原意，就必须对异国的文化背景包括政治、经济、人文等方面有所了解。跨文化阅读教学法的实施是提高学生阅读能力，进而实现英语应用和交流的根本需要。那么如何在高职高专院校实施跨文化英语阅读法呢？

二、跨文化阅读教学法实施策略

（一）布置任务——自主查阅、兴趣诱发

学习是一个双向的求知活动，不能由教师单方面传授。在课前给学生布置任务，通过各种渠道，如利用网络、图书馆等资源查询与课文相关的文化背景知识。学生在查阅的过程中，可以浏览到更多相关的文化知识，有利于拓展学生的知识面，激发学生的求知欲和好奇心。

（二）精心导入——文化渗透、激趣入境

传统的阅读教学，侧重于文章含义和语言点，课堂沉闷无趣，学生被动接受。当学生处于大学阶段时，课程目标已和高中阶段大相径庭。尤其是高职高专生，他们的英语学习更侧重于应用能力的培养。让学生愿意应用，激发他们的学习兴趣是关键。在了解和掌握丰富的文化背景知识的前提下，教师采用生动有趣的文化导入法引入所学课题，知识的交流和灵活的教法碰撞，课堂变得生动有趣，更能抓住学生的注意力，提升学习兴趣。比如，在普通高等教育“十一五”国家级规划教材《新视野英语教程》第七单元《Get Rich Quick，Marry in May》的教学中，教师选取一段国外的婚礼视频作为导入。视频中展现了一对美国新婚夫妻步入婚礼殿堂的全过程，如婚礼前的准备、婚礼举办地点、仪式内容、婚礼后的户外聚会等，通过这种有声视频，唤起了学生的浓厚兴趣，同时让学生讨论中国婚礼与西方婚礼的差异，使得课堂气氛非常活跃，学生们也都全身心地投入到课堂互动中。导入和讨论部分结束，课文中的大部分信息和文章脉络也自然而然地呈现在学生眼前。

（三）恪守原则——适度实用、科学关联

文化是一个包罗万象、纷繁复杂的话题，教师在有限的时间内不可能一把抓，怎样切入重点又不喧宾夺主呢？端木义万曾谈到过文化导入的四个原则，即关联性、适度性、实用性和科学性。朱秀梅将其阐述为课堂补充的文化点应与教材内容和学生的日常交际需求相关联；教师对文化内容的介绍应适度；要重点讲解教学内容中所出现的对于跨文化交际实用价值大的文化点；进行文化教学时要避免主观臆断、以偏概全。

（四）专业特色——结合专业、适当补充

在时间充裕的情况下，可以适当补充一些和学生专业相关的异国文化。比如，在教学中，针对学前专业的学生，补充一些有特色的儿歌、童谣和童话故事作为课外阅读材料，还有西方节日风俗如万圣节上孩子们玩的“trick or treat”游戏介绍等等。

笔者认为，跨文化阅读对于高职高专生来说非常适用，同时也是势在必行。在笔者所教班级中，进行跨文化教学的班级学生的学习兴趣和阅读能力已经得到了显著提高。相信在经过系统和全面的跨文化阅读训练后，学生们的阅读水平和学习兴趣一定能够得到质的飞跃，最终实现跨文化的交流与沟通。

第四节　基于跨文化交际的高职商务英语教学

全球化的经济与文化交流要求高职商务英语专业在培养学生语言技能和商务知识的同时，更要在教学中培养跨文化意识，提高跨文化交际能力，才能使学生胜任各种国际商务活动。本节分析了教学中存在的问题，并从课程体系和教学实施两方面为跨文化交际教学模式的改革提出了可行性建议。

当前人才市场需求下，高职商务英语专业要培养能适应多元文化并能顺利交流的外向型复合人才，教学中应注重文化意识的渗透以提升学生对文化的敏感性、宽容性和灵活性，使其了解不同文化下各具特色的思维和行为方式，才能更准确地理解和使用语言这一特殊的文化载体并运用到商务活动中。

一、高职商务英语专业跨文化能力现状分析

（一）人才培养目标

商务英语专业主要是基于本地区快速发展外向型经济的背景下设立的，面向外事、经贸、教育、旅游饭店、对外加工等行业，培养从事英语翻译、英语教学、进出口业务、宾馆接待、涉外旅游服务、外资企业助理行政和商务助理等岗位工作，具备较好的职业道德、职业技能和良好的外语沟通能力，综合素质高、创新能力强、可持续发展潜力足的高素质的技术技能人才。

（二）跨文化能力现状分析

从高职商务英语专业培养目标来看，想要培养出符合社会需求的人才，就要在国际语言环境中克服文化差异带来的交际障碍，准确理解对方的语言意图并正确表达自己的观点，才能顺利地完成各种商务工作任务。这就要求我们在教学中以语言教学为基础，借助语言形式中内含的文化因素，帮助学生吸收目的语文化，再加上一系列商务类课程的学习，使学生具备处理商务业务问题的能力，才能完成跨文化商务任务。但是在高职层次的教学实践中却普遍存在着一些问题，使其很难实现人才培养目标的要求。

1. 课程体系不够完善

目前大部分高职院校的商务英语专业在人才培养模式方面理念滞后，在课程体系的设置上明显体现出来，课程只是把基础语言课程和专业商务课程各选一部分，然后简单地叠

加拼凑起来，忽视了语言在跨文化环境中运用能力的培养，学生没有形成文化意识，很难提高跨文化交际能力，导致学生就业后的工作技能难以满足岗位需要，在工作岗位上没有竞争优势，职业生涯发展无后劲。

2. 教学手段比较单一

目前的英语教学手段仍比较单一，大多还在延续传统的翻译教学法，这种以教师灌输知识为主的授课方式，教师多重视语言基本知识的讲授，忽略对得体地运用语言的技能的培养。另外教学活动中学生少有机会亲身参与到真实的文化情景中去，对所学语言不能准确理解，更有甚者根本不会使用所学语言。另外培养跨文化交际能力的手段薄弱，实训方式陈旧单一，使得学生在应对实际问题时感到无所适从。

二、跨文化交际教学改革的理论基础—CREED 理论

北京外国语大学副校长、教育部高等学校外语类专业教学指导委员会秘书长、中国跨文化交际学会会长孙有中教授对跨文化能力作出了界定。孙校长指出，掌握一种语言就是理解一种文化，语言学习的最终目的乃是要实现得体和有效地跨文化沟通，因此外语能力与跨文化能力密不可分。从这个意义上来说，外语教学本质上就是跨文化教学。在此基础之上，孙教授提出了跨文化外语教学的基本原则，即 CREED——思辨（Critiquing）、反省（Reflecting）、探究（Exploring）、共情（Empathizing）和体验（Doing）。

其一，Critiquing：Intercultural learners should be required to use critical thinking to deal with intercultural problems. 外语学习者要学会运用辩证性思维去解决跨文化问题。孙教授的观点是教师在设计教学活动时，要尽量给学生提供机会，使其能主动运用思辨能力。让学生运用 critical thinking and cognitive skills，分析跨文化文本和跨文化事件。

其二，Reflecting：Intercultural learners should be encouraged to reflect on their own intercultural experiences. 要鼓励外语学习者多多反思他们的跨文化经历。孙教授指出，教学设计应该给学生反思自我跨文化经历的机会。在现在这个经济文化交流频繁的社会大环境里，学生通过多种渠道早已积累了跨文化交际的经验，教师要帮助学生充分开发已有的跨文化体验，课堂上鼓励学生积极反思，交流经验，总结语言习惯。

其三，Exploring：Intercultural learners should be involved in independent or collaborative tasks of intercultural exploring and discovering. 外语学习者要在独立或合作的跨文化活动中不断地思考及探索。孙教授提醒教师不要简单地告诉学生答案，应给学生创造机会，让他们透过跨文化现象探索背后的原因。

其四，Empathizing：Intercultural learners should be given opportunities to empathize with the cultural other. 外语学习者要学会换位思考，以跨文化视角对待国际交流问题，宽容对待不同的文化习俗。孙教授提到 Empathizing 即“具有同理心”，指站在对方的视角看待问题。培养学生的跨文化意识，学生就会明白来自不同文化背景的人对待事情有不同的态度，

面对矛盾时才会宽以待人，以有效避免跨文化场景下的冲突。

其五，Doing：Intercultural learners should be exposed to intercultural situations where they can do intercultural communication. 外语学习者要在跨文化情景中进行跨文化交流。教师们要给学生创造培养跨文化能力的情景，尤其是目前信息化教学手段和丰富的课内外教学形式的运用，使学生拥有更多可利用的机会对跨文化交际能力进行实践。

三、商务英语人才跨文化交际能力的培养

就如孙有中教授所讲，培养跨文化能力就是培养一种思维，浇灌一种习惯。跨文化能力的培养不应停留于表层文化、它是一个不断地发展的过程，需要结合各种不同的教学素材、教学方法进行尝试和深化。

（一）以跨文化交际为导向的高职商务英语专业课程体系

传统的高职商务英语专业教学只着重进行基本的语言技能训练和商务知识的讲解，忽略了多元文化交际下实用商务技能的培养，学生在岗位实操时感到学习内容与工作实践脱节，工作中无所适从，严重时甚至会造成跨文化工作环境中商务活动的障碍甚至失败。在教学改革中立足于跨文化视角，在课程体系中增设跨文化交际课程，加大文化导入，以提高学生跨文化交际的意识与能力，增强国际交流能力，这样才能切实提高学生就业竞争力与职业发展潜力。目前市场紧缺的是使用英语语言在跨文化环境中进行商务活动的复合型人才，为满足用人市场对人才的需求，我们努力构建跨文化应用型高职商务英语课程体系，将英语语言基础，商务知识技能和涉外行业应用能力与跨文化交际结合起来设置课程。

在高职三学年的学制中，以英语基础素养与技能为第一学年课程的教学核心，学生通过对“听”“说”“读”“写”等英语基础课程的学习不断地提高语言运用能力，为跨文化交流奠定语言基础。教师要有意识地在语言基础课程中加入一些跨文化意识的渗透引导学生的学习向多元文化下的商务活动过渡。

以跨文化商务操作技能为第二学年课程的教学核心，学生通过对商务英语专业课程的学习提高商务技能和商务实操能力，使学生能够跟进跨文化商务活动的开展和实施，利用语言优势参与完成一系列商务活动。商务课程配合设置跨文化课程，增强学生对不同国家文化的敏感度，深度了解文化差异以避免在实际商务活动中产生交流障碍。这些课程的顺利开展，能帮助学生在跨文化的商务交际活动中处于优势地位，不会因为文化的差异阻碍经济活动的开展，为学生就业打下必备的综合素质基础。以涉外行业岗位应用技能为第三学年的教学核心，学生通过对涉外行业的具体岗位实务课程的学习，辅以跨文化商务惯例和商务礼仪等培训，使学生与工作岗位零距离接轨，为学生实习、择业及就业的顺利进行增加砝码。

（二）双课堂中跨文化能力实施策略

商务英语是实践性和操作性很强的应用性学科，不仅要在课堂中讲授英语语言知识和商务理论知识，还要在课上课下共同着力于培养学生的跨文化交际能力。

1. 第一课堂教学实践

在英语基础知识相关课程中，培养学生对文化差异的初步认识。听说课程中教师可以让学生大量接触各个英语国家的商务和日常用语，提醒学生需要注意的口语表达方式，观察和感悟普通生活和商务活动中外文化差异；阅读和写作课中可以强调书面语言在不同语境中使用的差异。在分析跨文化差异时尝试使用 reflecting 原则，教师通过启发式教学，结合真实的语言材料，引导学生开发自己的跨文化体验，鼓励学生在课堂中积极 reflect，请学生从自己的经历中找到一些例子来说明语言是如何在跨文化交流中使用的，从而调动学生学习的积极性与主动性，活跃课堂气氛。

在商务知识相关课程中，教学的目的不仅是让学生懂得商务理论与实务，更要给他们打开了解世界各民族不同文化特点的大门，培养学生的国际化视野。在商务方面的课程中加强商务文化渗透，培养健康的商务文化意识，在国际商务活动中跨越交流障碍，寻找文化共通，拉近相互差距，确保工作顺利展开。教学中可采用案例分析法，并运用 Exploring 原则，让学生主动地参与教学活动，探索问题的解决方案。在当今多媒体时代下，学生通过网上搜索信息，完全有能力呈现非常精彩的课堂展示，并进行极具深度的课堂讨论。适度增加跨文化交际相关课程，主要目的是提高学生的跨文化交际意识和能力，使他们感受不同文化的内涵，逐步做到从对方的立场出发来考虑问题，避免文化冲突。通过学习这些课程，学生对跨文化实例进行仔细考察，从而认识到文化的多样性，了解英语国家的风土人情，行为和思维方式等，使学生自然而逐步地获得文化感知能力，融入商务礼仪并应用到商务行为中。教学活动可以使用任务教学法，并引入 Empathizing 原则，让学生更为深刻地体会文化的差异。例如，课堂活动可以设计一场 talk show，要求学生角色扮演，分别是主持人、喜欢和父母住在一起的中国学生以及不愿意和父母住在一起的美国学生，探讨是否应该和父母生活在一起。角色扮演的目的就是让学生设身处地地考虑到当自己是个美国人的时候，会怎样看待问题，这只是个小用意，但是文化深意却隐藏在背后。

2. 第二课堂活动实践

除了课堂的教学活动，跨文化交际能力的培养更要重视实践活动，这就要充分地利用好课外学习环节。可以利用多种形式的社团活动有意识、有计划地对学生进行各个层面的文化导入。各种多媒体影音资料的观摩和探讨；结合西方国家的重要节日举办活动；文化专题讲座、英语演讲比赛和英语话剧表演等形式都有助于为学生创造多形式的文化和语言环境，有助于跨文化能力的养成。在活动中应用 Critiquing 原则进行指导，比如看西方电影只是给学生一个跨文化的印象，但是在看完电影之后，让学生分析、评价电影里的人物及情节，阐释电影的意境，并与相同题材的中国电影进行对比分析。也可以邀请具有实战经验的跨文化商务人士举办讲座，从生动具体的商战实例中分析及探讨跨文化交际。通过这些极具思辨性的活动，教师能够很好地培养学生的跨文化能力，是有效地文化教育的方式。

文化作品展示同样可以鼓励学生将学到的文化知识运用到现实生活中，提高综合职业素养，锻炼职业技能，培养大学生的创新意识和实践能力。这是 Doing 原则运用到跨文化实践的最好机会。首先，教师指导学生进行选题，寻找最具西方文化特色的项目，经过团队的集体讨论，分工合作，共同努力，教师从旁监控、指导和评价，将极具跨文化特色的作品呈现在大家面前。在项目实施的过程中学生不仅锻炼了语言与技能，还对跨文化知识有了更深入地理解。在明确的目标下，使学生的心里与文化调试能力有意识地增强，促使其跨文化交际能力的生成。

第五节　跨文化背景下高职商务英语写作教学

在高等职业技术院校的教育中，开展商务英语教学主要是为了培养学生的语言表达能力以及语言运用能力，这就要求高职学生必须具备跨文化交际能力。基于此，本节简单分析了当前高职院校商务英语写作教学中跨文化交际能力的培养现状，以此窥见亟待解决的一些突出问题。立足于此，深度剖析高职商务英语写作教学中，有意识地培养高职学生跨文化交际能力的有效地策略，以期具备参考价值。

随着经济全球化趋势的进一步强化，各国之间的贸易往来活动获得变得日益频。但是，不同国家或不同民族在漫长的发展历程当中，所形成的语言表达思维方式皆有所不同，因此在教高职学生学习英语语言文化的时候，要不断地提醒学生养成遵循他国风俗文化的意识。尤其在高职的商务英语教学过程中，教师更要重视学生跨文化交际能力的培养状况，从而确保高职学生的英语学习能够取得实质性的进展。

一、高职商务英语写作教学中跨文化交际能力培养潜在问题

（一）跨文化交际能力具有复杂性

目前，已经有很多高职院校正在不断地致力于提升商务英语教师的跨文化教育意识，使得商务英语教师对于学生跨文化交际能力的培养意识，较以往有了极大的提高。只是，语言文化从来都属于庞大的系统，学习与掌握并非一朝一夕之事，因此培养高职学生的跨文化交际能力具有一定的复杂性，这要求商务英语专业教师在写作教学的时候，侧重于为高职学生强调应当注意到的语言文化礼节要素，这显著拓展了高职学生的跨文化视野。

（二）学生要摆正英语学习心态

高职院校的商务英语专业教学力量相对比较薄弱，略微落后于国内其他高校的教学进度，这就容易影响到高职学生的商务英语学习心情。虽然高职学生通常已经具备了一定的商务语言交际能力，但是能够让他们真正展现语言应用能力的机会相对较少，这就容易使得高职学生对于商务交际的方略、规则或者文化礼节掌握较少。因此，商务英语专业教师要时常引导高职院校的学生，摆正商务英语专业的写作学习心态，从而在积极参与师生互动的过程中，不断地强化个人的商务英语跨文化交际能力。

（三）跨文化教学内容亟待完善

高职院校的教学目标相对集中在培养应用技能型人才方面，因此在文化教育方面难以对商务英语专业保持足够的重视，一定程度上会影响到商务英语专业教师的教学方式。目前，国内高职院校商务英语教学的体系尚处于不断地完善的阶段，使得专业教师在教学生跨文化交际写作的时候，往往比较重视向学生强调英语文化国家的社会发展或者文化背景，有点缺少对于学生跨文化交际能力的针对性培养，因此要切实完善跨文化交际能力培养式教学的内容，让高职学生感到更加放松和舒适，愿意主动地参与有助于培养跨文化交际能力的实践活动。

二、高职商务英语写作教学中跨文化交际能力培养有效地策略

（一）培养高职学生跨文化交际意识

在开展高职商务英语写作教学的时候，教师首先应注意提高高职学生对于跨文化知识重要性的认知程度，从而促使高职学生积极主动地积累更多的跨文化交际知识，从而将其灵活地运用于商务英语专业的跨文化写作当中。例如，教师平时在为学生介绍商务英语专业写作技巧的时候，若是遇到类似于 cultural difference（文化差异）的词汇，那么除了英语写作教材给定的释义以外，教师还可以启发学生联想 cultura shock（文化冲击）等同类的词汇，以此丰富学生的跨文化联想写作能力。在平时的商务英语写作教学中，教师还可以频繁地为学生介绍容易对商务英语交际效果产生影响的文化差异，像是在表达“是”的含义时，我国和其他一些国家通常用点头的动作进行表达，但是斯里兰卡、尼泊尔以及爱斯基摩等地区的人，往往在表达“不”含义的时候才会点头，以此启发学生在商务英语写作的时候自觉养成甄别文化差异的意识，避免因不当的写法闹出笑话。

（二）引导学生规范跨文化写作格式

目前，高职院校商务英语专业在培养学生商务英语意识的时候，显然更看重培养学生的跨文化意识以及跨文化交易能力，这些都可以通过写作教学来实现。因此，商务英语教

师在日常的写作教学当中，要不断地督促学生充分考虑涉及的语言文化要素，以便按照商务文体的表达结构、文体特征等要求进行规范化的写作。例如，教师在指导学生撰写信封文体商务英语作文的时候，要先让学生明确汉语信封的一般写作顺序为：收信人地址—国、省—市区—街道、楼、房间号—寄信人地址，但是英文的信封则恰恰相反，不仅要将寄件人的地址写在右上角、收件人地址写在中间靠下的位置，而且在写作顺序上还要遵循由小地址逐层填到国家的顺序，显然和汉语信封的写作思维存在较大的差异，由此引导高职学生在撰写各种文体之前，率先考虑到跨文化交际的规范书写要求，达到锻炼跨文化交际能力的效果。

（三）促使学生养成英文的写作思维

在商务写作专业的写作教学环节，教师要注意将对高职学生跨文化交际能力的培养，融入潜移默化的学习过程中，从而促使学生不断地养成英文语言的写作思维逻辑。比如，在固有的语言思维方面，我国显然更看重集体利益的实现，强调将大我置于小我之前，善于牺牲自己而成全集体利益，这种思维使得高职学生在写作句型表达的时候，往往会写出“We have received your dispatch of…（date）（我方已经收到某方 X 日的礼物）”或者是“We can sell at discount prices，but we cannot permit returns of merchandise（我们可以给您打折，但是不太可能退货）”之类的句式。但是，对于高职的商务英语写作来说，礼貌性原则才是首要之义，即写信人要以收信人的利益为先，重点传达给收信人一种积极肯定的态度，从而让收信人感到舒适和放松，达到跨文化交际的效果，因此教师可以指导学生将句式改写为表达效果比较柔和的“Thank you for your dispatch which we have received on…（date）”一句，从而达到在写作过程中体现跨文化交际的效果。

（四）告诫学生写作要符合文化礼节

商务英语专业的写作不同于一般的英文写作，因为要求高职学生通过写作来达到跨文化交际的目标，因此比较强调遵循文化礼节，这就比较考验学生的文化差异认知能力以及语言应用能力。比如，教师在为学生预留信函写作任务的时候，一定要强调适当减少大写字母的运用，因为在英语文化看来，过多的大写字母容易让人感到不适，属于跨文化交际应当严格注意的一项文化禁忌因素。还有一点即是，教师在教学生写作商务文章的时候，同样要让学生认识到中英语言文化之间的差异，就像在文章的开头若是按照中文思维，学生往往会以对方的公司来代替个人，但这对于英语语言国家来讲具有不尊重的含义，因此教师可以指导学生尝试利用 you/I/we 等代表个人的称呼语，取代 your company，our company，the customer 等称呼的运用，从而体现出写作现代商务文体的规范性，体现出高职学生的跨文化交际能力，积极获得交际方的回应及认可。

综上所述，就目前高职院校商务英语教学的现状来看，一定程度上面临着跨文化交际能力培养不足的问题，这说明语言文化的导入还需要在潜移默化中逐渐达成，从而使得对于高职学生跨文化交际能力的培养能够成为商务英语教学的常态。由此，在写作教学环节中，教师要不断地实现教学方法的灵活运用，从而逐渐培养高职学生的跨文化自觉意识，最后能够真正有效地带动高职学生跨文化语言运用能力的提高。

第八章　跨文化背景下高职英语教学的实践应用研究

第一节　高职英语专业课程教学中跨文化交际教学法应用

新《高校英语专业英语教学大纲》提出新世纪英语专业的培养目标，即从培养纯语言专才逐渐向复合型人才转变，这就要求学生要同时掌握英语语言专业技能和知识（语言、文学、文化）。民办高职的特征是要培养应用型人才和综合性的职业素质，其教学内容突出应用性，教学过程强调实践性。语言学家认为，语言与文化有密切关系，不了解一个民族的文化，也就无法真正学好该民族的语言。在民办高职英语专业课程教学中，为了强调应用性，外语教学不仅要注重听、说、读、写这些基本语言技能的训练，同时不能忽视汉英两种语言中那些普遍和典型的文化差异，应该应用跨文化交际教学法进行教学，加强文化知识的输入和文化适应力的培养，让学生能更快更好地掌握和应用地道的英语。

21 世纪是一个国际化的高科技时代，世界各国文化的交流、碰撞和合作日益加剧。在这种背景下，21 世纪的外语人才应该具备扎实的基本功、宽广的知识面、一定的专业知识、较强的能力和较好的素质。根据 2000 年制定的《高校英语专业英语教学大纲》，高校英语专业的培养目标已经从纯语言专才向复合型人才转变。众所周知，语言是一种文化的载体，汉语和英语是两种建立在不同文化上的不同语言，两个国家的政治、经济、社会文化、历史传统、地理环境等都有很大不同，所以如果按中国文化的思维来学习和理解英语，往往会出现文化差错。同时，民办高职在我国教育宏观结构的形成中起着积极作用，可以为社会提供更多的教育机会和推进教育、教学改革。民办高职的英语专业如果要培养更多高等技术应用型的复合型人才，在教学内容的改革上要突出应用性、实践性原则，更新教学内容；要注重人文社会科学与技术教育相结合，教学内容改革与教学方法、手段相结合。因此，民办高职在英语专业课程教学中要主动应用跨文化交际教学法进行教学，让学生了解中英文化差距以便于更好地进行交际。

一、了解文化差异对英语语言学习的重要性

（一）语言与文化的关系

语言学家认为不存在没有语言的文化，也不存在没有文化的语言，语言作为一种符号，记录和表达人们的认识、思维、交际，是文化的组成要素，语言记载文化、传承文化、反映文化，能反映各国的生存环境、风俗习惯和民族心理。文化不仅影响语言中的词汇的发展与使用，在语法、讲话规则、篇章结构、文体风格等方面，文化都施予很大的影响。所以，只掌握语言的语音、语法与词汇，不了解深层的文化意义，不可能进行顺畅的交际。也就是说，要正确而恰当地运用语言去进行交际，人们不仅要知道什么是符合语言的形式规则的，更需要知道什么是符合文化规约的，是文化所能认可和接受的。具体地说，就是需要知道“什么时候该说话，什么时候不说，说的时候说什么，对谁说，什么时候、什么场合、以什么方式说”，等等。

（二）中英文化差异在语言学习中的具体体现

我国文化与英语文化是两个完全不同的文化，两种语言在词汇、习语和句法篇章结构上都存在很多差异，这是英语学习者要特别注意的。

1. 词汇

就语言要素与文化关系而言，关系最密切、反映最直接的就是词汇。词汇是语言中最活跃、最富有弹性的成分，也是最具有文化内涵的成分，一个民族具有的物质环境、社会结构、精神信仰等往往首先通过这个民族特有的词汇表现出来。对于词汇意义通常有“指示意义（denotation）”及“隐含意义（connotation）”之说，而不同语言之间会出现不同的情况。首先，许多表示颜色的词带有明显的民族文化特色。如在中国传统文化中，红色往往与庆祝活动或者喜庆日子相关，而在英语中尽管有 the red carpet（红地毯，比喻隆重的接待或欢迎），但在更多场合中，红色为不祥之兆；此外，红色还指“负债”或“亏损”。其次，还有许多与动物相关的词汇也因中英文化不同而意义不同，最广为人知的就是“狗”了。汉语中与“狗”有关的词汇通常带有贬义，如狗仗人势、狼心狗肺、狗咬吕洞宾，等等。然而在英语国家，狗则被看作是人的亲密伙伴，因此习语中多数是褒义。如 a lucky dog（幸运儿）等。另外，中外文化的差异由于各国社会历史不同还体现在许多其他词汇上。如在英美字典中 peasant 是指“教养不好，粗鲁的，社会地位低下的人”，是贬义的，并不是我们所指的直接从事农业生产劳动的农民。同时，还有一些词汇的意义因地理环境不同而产生差异。比如：汉语中的“东风”使人想到温暖和煦、草长莺飞，给人以美好的向往，而“西风”往往给人萧条、凄凉之感，如马致远的“古道西风瘦马”等。然而在英国文化中，因其地理环境不同，使得这两种“风”的含义完全相反，才有英国著名诗人雪莱的《西风颂》（ode to the west wind）。

2. 习惯用语

习惯用语包括成语、谚语、格言、俗语等，是定型的词组或句子构成的“语言块”，是语言中的某些部分经过长期反复使用后自然沉淀形成的，是人民大众在劳动中创造出来的，与人和人生活的环境密切相关，它们当中既凝聚了人类共同的生活感受，也积淀了深厚的民族文化特色。中英同在一地球上，有些经历与意识是相似的，如都把心脏（heart）作为灵魂、思维、感情的中心，所以中英语言中出现了心心相印（heart to heart）等相同的习语。但由于不同的社会地域环境中的不同的生活经验，许多习语就有了显著的民族性，如“浑水摸鱼”是指趁混乱之机为自己捞得好处；而英语中的“to fish in muddy waters”则用来形容多管闲事，自讨没趣。又如，“love me，love my dog”翻译成中文应该是“爱屋及乌”，由此可以看出“dog”在英语族人和“房屋”在中国人心中的地位。还有，汉语中有许多有关谦虚的习语，例如格言“满招损，谦受益”；但英语中却有“Modest dogs miss much meat(谦虚的狗没肉吃)”，对我们来说翻译容易，理解不易。

3. 句法结构与思维习惯

中外学者认为，英汉两种语言最显著的差别在于英语属形合（hypotactic）语言，汉语属意合（paratactic）语言。形合语言注重时态变化、词形变化，注重运用逻辑语法连接词语，来说明句子内部、句子之间，乃至段落之间的逻辑关系；而意合语言主要靠词序变化、上下文语境及言外事实逻辑来达到明晰思路的目的。所以，中国人说“你来，我就走”，在汉语中其意思可以根据上下文及语境表达出不同的意思，而翻译成英语可能是“if you come，I’ll go.”也可能是“when you come，I’ll go.”用 if 还是 when 就很明确表示出来了说话者的真实目的。另外，从语言与思维的关系看，英汉文化思维方式的核心区别是：英语族人的自我中心（egocentrism）和汉族的群体观念（group — orientation）：英语族人更倾向于形式分析，抽象思维，从小到大，从未知到已知，突出主观作用，以主体为中心，主客体界线分明；汉族人倾向于整体思维，情感思维，从大到小，从未知到已知，从实际出发，注重主客体融合。

4. 篇章结构与文风

根据林大津教授的观点：英语族人在行文中偏重“实在”信息的传播，而汉族人不仅考虑“实在”信息的传播，而且还倾向于以重复论点、利用形象化语言来达到以情感人的目的。所以在行文上：英语族人的话语结构是直线性的，即典型的演绎与归纳型段落，其间不附加任何与主题没有直接联系的内容；其篇章结构倾向于作者责任型，作者会考虑到读者对文章各命题缺乏了解，因此行文中明确标明各命题之间承上启下的相关联系；语言风格是朴实简洁，没有拐弯抹角；而我们汉语族人的话语结构是螺旋性的，作者往往不直接论证段落主题，而是在主题外围“团团转”，从各种间接角度来说明问题；其篇章结构倾向于读者责任型，主要靠读者自己去理清上下文之间的联系，靠语境判断各命题的意义联系；语言风格是华而不实，行文中往往使用大量的文学典故及比喻性语言。

从上面几点可看出，中英在语言表达上有着显著差距，如果我们不去了解英语的文化，在英语的学习和使用中就会出现很多问题，如在写作时，英语汉化式，不自觉地将汉语的“流水句”结构搬入英文之中；在英汉互译时，不能有意识地将英语中有复杂结构的长句拆成能够“流动”起来的汉语“句读”等。所以，如果我们在高职英语专业的课程教学中指出这些差异，会有助于学生学习和运用好语言。

二、跨文化交际教学法在民办高职英语专业课程教学中的应用

民办高职的定位是“课程的内容是面向实际的，是分具体职业的，主要目的是让学生获得从事某个职业或行业或某类职业或行业所需的实际技能和知识”。所以，民办高职的办学形式相对新颖，其教学相对灵活多变，具有高职的一些特点：①服务方向的基层性，培养适应生产、建设 、管理、服务一线岗位的技术应用性人才。②职业素质的综合性，学生要求基础理论适度，技术能力强，知识面宽、素质高。③教学内容的应用性，以应用为主旨和特征构建课程和教学内容体系，教学内容以实用为原则等。可以看出，对于民办高职英语专业来说，培养应用性的复合型人才是其最重要的目的。这就要求民办高职的外语教学不仅要注重听、说、读、写这些基本技能的训练，而且还应加强文化知识、文化适应力的培养，在课堂教学中应用跨文化交际法，培养学生使用英语进行交际的应用性能力。

（一）跨文化交际教学法概论

海姆斯（Hymes）和韩礼德（Halliday）认为，语言教学的目的是培养学生使用目的语进行交际的能力。而根据《高职高专外语发展报告》，高职高专英语专业培养学生交际能力的主要教学方法是交际法（communicative approach）。也就是重视培养学生的语音能力，采用真实、地道的语音材料，主张通过句型加情景来学习语言，鼓励学生多接触和使用外语。我们知道，语言与文化的关系，如果不了解一个民族的文化，也就无法真正地学好和使用好该民族的语言。目前，新的课程标准将文化意识、文化理解和跨文化交际纳入其教学大纲中，可见跨文化交际能力的培养已经进入刻不容缓的阶段。这就要求我们在民办高职的英语教学中应用跨文化交际教学法，也就是在语言教学中注意传授文化知识，使学生能利用文化背景知识来更好地理解和掌握语言并进行交际，培养学生的文化敏感性和文化比较能力，从而加强其跨文化意识。

（二）充分应用跨文化交际教学法，培养学生的跨文化意识

在民办高职英语专业教学中，要想培养出英语运用准确、流利、得体、有效地跨文化交际者，我们要运用各种方式，从各个方面进行实践，充分应用跨文化交际教学法，除了在教学过程中充分挖掘和利用教材内容，向学生输入跨文化知识外，还要为学生尽可能多地提供语言实践机会和创造真实语言运用情景，也就是说，创造条件让学生与以目的语为母语的个体进行交流，培养学生的跨文化意识。

1. 树立在英语教学过程中培养学生跨文化能力的意识

语言深深地植根于文化土壤中，离开了特定文化背景的语言是不存在的，离开了特定

文化背景的语言是不存在的，两者血肉相连，不可分割。学生学习英语这门语言时，如果不能根据场合理解文化，那么他们对英语将会一窍不通。所以，对英美文化知识的学习是学习英语语言的重要组成部分，英语教学中语言要与文化相结合，把语言教学置于文化背景之下，教授语言的同时要有意识地传授英美文化知识：首先，学校和教师都要树立起并使学生也树立起语言和文化是不可分割的观念和思想倾向。要认识到，了解英美文化知识不仅是学好英语的必要条件，而且也是一种目的。其次，在整个英语教学中，英语是主要甚至是唯一的教学语言，也就是说，让学生充分置于英语语言环境和文化之中。最后，在测试学生的语言知识的同时，也要测试他们所学的文化知识。只有把有关的文化知识纳入考试范围，学生才会对文化给予更认真地对待，他们的文化意识才会进一步加强。这样一来，就可以多方面、多层次地树立学生的跨文化意识。

2. 在课堂教学实践中应用跨文化交际教学法培养学生的跨文化能力

树立了培养跨文化能力的意识后，我们就要在教学实践中很好地应用跨文化交际教学法。

（1）课堂教学前。首先，通过修订英语专业培养方案，把培养英语专业学生的跨文化交际能力作为学生的培养目标之一；其次，广泛开展关于提高学生跨文化能力的科研教改课题研究，引起教师和学生对树立跨文化意识的重视；再次，在专业教师的教研活动中，把培养学生的跨文化能力作为其中一项很重要的内容；最后，要求教师在备课的过程中，要结合教材内容，把“culture background introduction”纳入教学计划中，写入教案和讲稿中并在教学过程中实施。

（2）课堂教学中。教师们在实际教学中根据不同科目的特点，采用各种各样的方式来应用跨文化交际教学法。

首先，通过词汇学习渗透文化意识。英语词汇在长期的使用中，积淀了丰富的文化内涵。因此在针对英语单词的教学中，我们要注意对英语词汇的文化含义的介绍。因为如果不了解目标语的文化，就难以理解某些词语的意义。如“Grammar School”，可以望文生义为“讲授语法的学校”，实际上它指为升大学设立的中学，即大学预科。另外，我们还要通过让学生正确地认识、正确地运用英语词汇来培养学生用英语思维的习惯，避免“中文思维英语交际”的不良习惯，如 love，dear 等词在西方一些非正式场合用得非常普遍，但在中国，这样的词语一般只用于亲密的朋友或家人之间。

其次，在进行课文讲解和阅读训练时，让学生增加文化积累。文化内容本身既广又杂。因此，教师要鼓励学生通过各种途径增加文化的积累，教师要详细讲解每篇文章中涉及的文化差异和文化信息，还可以让学生通过学习英语圣经，阅读外国原版名著的节选片段、外文刊物和报纸去思索里面所映射的文化问题，这样就可以更好地了解外国人的思维习惯和行文特点，更地道地使用英语。

最后，结合实践，通过生活化的教学活动渗透文化意识。在教学中尽可能地将文化背景知识具体化、形象化，来培养学生的跨文化意识，培养他们的语言得体性。我们知道，交际能力的一个重要特征就是使学习者在与对方交流中能根据话题、语境、文体背景等得体、恰当地进行语言表达，这种能力反映出学习者对英语文化的理解程度。因此，在教学中，只有当所学的文化内容与语言内容在日常交际中有密切联系，学生才会真正认识到文化因素对于语言学习的重要性。比如：一位新老师来给学生上课，首先要做自我介绍，“Hello，I’m Mr.Wang”，此时可以告诉学生，这里的 Mr. 指男老师，英美国家习惯这样称呼老师，而 Teacher 是指职业，一般不做称呼语用。再如：在进行英语听力训练时经常碰到吃饭这种场景，在上这一课时，可以先让学生看有关西方宴会情景的电影视频，并让学生同中国的宴会场景进行对比，这样不仅能通过对比了解西方的饮食文化风俗，也能给学生听懂之后的对话和文章埋下伏笔。还可以让学生尝试做一些水果沙拉等西餐并举行英语 party 等活动，让这种生活化的活动缩短课堂与生活的距离。这样，学生在生活化的语言活动中提高了学习兴趣，增强了语言运用能力，也感受到了英美文化的气息。

（3）通过第二课堂和实践活动让学生更深地体会英语文化。首先，通过文化节活动，让学生感受国外的文化习俗。例如，东西方各国都有些特别的节日，我们可以开展以节日文化为主题的交际活动，如经常举行新年晚会、生日晚会、圣诞晚会、庆祝母亲节和父亲节等活动，让学生在真实的活动中学习语言的同时感受西方文化。在新年联欢晚会上，学生们互相赠送自己亲手制作的贺卡，表达互相的祝福；在圣诞节活动中，他们带着圣诞帽，学着圣诞老人的样子给大家分发礼物，使同学们感受到友情和亲情；西方有个情人节，通常我们认为这是情人之间的特殊的日子，其实在英国等许多西方国家，人人可为此庆贺，让学生自制爱心卡，送给父母朋友或任何喜爱的人，使学生学会关爱身边的人和物，珍惜生命，珍惜生活，此刻情人节的含义已在现实生活中得到延伸。

其次，多让学生进行英语交际实践活动。学生要真正掌握所学的知识内容，除了进行记忆理解之外，还要多多进行实践交际活动，比如教师可以鼓励并要求学生打电话时用英语交谈，学会运用打电话的常用语，用英语与同学之间在 E-mail 和 QQ 上进行交流，并强调注意中英书信书写的差异；学生生日的时候可以让他们自己举办简单的生日 Party，告诉学生从邀请到举行聚会的整个过程都尽量练习说英语，并告诉学生们中西方关于“守时”的差异，在西方赴约都要准时，不要迟到，而不要像多数中国人一样赴约要么来得很早，要么迟到好久；还可以让学生组织或参加“英语角”活动，“英语角”是练习听和说英语的好场所，同学们通过参加这样的活动既可增长知识，又可提高听说水平，还可以交朋友，并且可以感受到中西文化的差异。也就是说，我们应该多创设“氛围”，多进行交际实践活动，这样就能让学生真正学好英语，才能真正地增强学生的跨文化意识。

从上面的论述中可以看出，中英文化存在着本质的差别，鉴于语言与文化的紧密关系和民办高职的特点，在民办高职英语专业课程教学中只讲解语言形式是远远不够的，必须同时传授其所承载的文化知识，让学生了解汉语和英语中的重要差异，从而让学生掌握地道的英语，提高他们的英语交际能力。因此，我们有必要在高职英语专业课程教学中投入更多的文化关注，应用跨文化交际教学法进行教学改革，帮助学生增加文化底蕴、增强跨文化交际意识，教会学生得体地使用英语语言，达到交际的目的。

第二节 跨文化理解在高职英语教学中的运用

随着全球一体化进程的不断地推进和中国改革开放的不断地深入，英语作为世界通用语言的功能在国人日常的工作生活中的作用与影响不断地深化凸显，社会对劳动者英语掌握、使用能力的要求不断地提升。在此大背景下，英语教育不再仅仅局限于应试教育的范围，而是应该更进一步，在教学中引入跨文化理解的内容，帮助学生理解中英文应用之差异，让学生更加灵活地应用英语这座思想的桥梁。本节就跨文化理解在高职英语教学中的应用进行深入探讨分析。

随着全球一体化进程的不断地推进和我国改革开放的不断地深入，英语作为世界通用语言的功能在国人日常工作生活中的作用与影响不断地深化凸显，社会对劳动者英语掌握、使用能力的要求不断地提升，与之相对应的，是学校对英语教育的重视程度不断地提高。但是，长期以来，学生们受母语思维习惯影响，对于跨文化的理解较为困难，如英语词汇的文化内涵、句型中的重心所在，复杂含义中的介语和丛句应用等，都与汉语的应用习惯有着较大的不同。因此，教师在日常英语教学中加入跨文化理解的教学内容非常必要。

一、加强跨文化理解在英语教学中的意义

笔者就职于一所公办高职院校。进入高职学习阶段的学生至少都经历了完整的中学教育，即至少接受了六年的英语课程教学。然而，笔者在日常的教学过程中却发现，六年的英语教学时间，并没能使学生们形成英语思维的习惯。即使是在英语课堂上的问答交流，教师也能够感觉到学生们会不自觉地先形成“中文思维”，然而再经历一个“翻译”的过程，最终才能转化为英语语句。学生们仅能就一些日常的情景对话进行英语的“无缝对接”，一旦涉及更深层次的交流或者更复杂的意思表达，就不能顺利地使用英语，更不用说直接和使用英语作为母语的人士进行交流了。

什么原因导致这一情况的出现呢？笔者以为，词汇不足是显而易见的，之所以在许多情况下会出现表达的卡顿，是因为学生们无法搜索到足以形容自己思维的英文词汇，只好转而求助中文。但事情还有着另一面：即学生们对英语应用的习惯了解不多，也缺乏实际的交际应用，毕竟中学六年的英语课程都是围绕高考这一目标来组织开展的，教师和学生都受制于此，深陷于题海战术不可自拔，无暇他顾。

在这样的一个大背景下，不要说英语文化的背景，就连掌握一门语言的四大要素“听、说、读、写”往往都被简化压缩成“听、写”，而“说、读”二字被丢到了天边，学成了哑巴英语。这样培养出来的学生，确实掌握了一些语法，记忆了一些词汇，但却没能触摸

到英语这门语言的灵魂，也没有了解到这门语言的应用技巧。事实上，国家设立英语这门学科的初衷，就是为了培养大量能够灵活应用英语语言进行交流的劳动者，配合改革开放的大方针、大政策。因此，在高职阶段针对中学英语教学的不足，加大中英跨文化差异的教育，帮助学生更好地理解两种语言的异同之处，意义重大。

二、跨文化理解教学举例

有一种观点认为，高职学生作为即将毕业进入社会的一个群体，对他们的教学应当紧扣“应用”二字，一切从需求出发，英语教学也不应当例外。但对于这种观点，笔者却有不同的看法。

知识大爆炸时代的来临意味着每一个走向社会的劳动力都不可能仅仅依靠在校期间习得的知识与技能来支撑其整个的职业生涯，自我学习能力已成为每一个劳动者的必备能力。世界经济一体化的今天，脱离英语世界的信息无异于闭关自守，这是不现实的。因此，高职阶段的英语教学要放眼长远，英语的跨文化理解教学内容不能仅仅局限于教导学生一词一句之间的细微差异，而是要把跨文化理解教学内容的重心放在两大语种之间的系统性差异方面，帮助学生从思想和技巧的大层面掌握中、英语的异同，从而更好地在未来的职业生涯中驾驭英语，获取信息。这是笔者在跨文化理解教学方面的体会，至于具体教学内容，目前尚无标准，不敢擅词。笔者仅以个人教学经历举例，以供参考。

英语更注重物称，而汉语表述的重心在人。英语在使用时，较汉语而言，更偏向于使用物称，以某些非人类甚至非生命物体作为一句话的主语。汉语则正好相反，偏重于使用人称，以动作的施行方为主体，这是中英语的一处重大的使用差异。

例如，A wave of smoke with smith in. 这句话的中文含义是：史密斯进来的时候，带来了一丝烟草气息。如果单纯按字面顺序理解翻译，则是一丝烟草气息伴随着史密斯进来，显然汉语是不会这么使用的。

又如，“Where do you want to?” said the taxi driver，whose door opened at the very sight of the man. 这句话的正确翻译是：“你想去哪？司机问道，他一看见那个男人就把门打开了。”但字面上的意思却是“门一看见那个男人就打开了”，这样翻译就是把整个句子的重心搞错了。

再如，Bitterness fed on the man who had made the world laugh. “给世界带来欢乐的人却身处悲伤，而非痛苦的人为世界带来欢乐。”通过集中使用上述类似的例句或者在日常教学中集中地、持续地引入这方面的案例和练习，就能够为高职学生的英语学习提供一个较高的观察平台。在今后的工作生活过程中，这些学生在面对英语，或是自己需要使用英语时，重物不重人的概念一定会从脑海中一闪而过，而不会直接以中文用词习惯生硬的套用英语词汇进行组句。

英语句型重心偏前置，汉语好偏后置。一句话的重心，通常就是一句话所要表达的意思的核心部分，如说论点、观点、判断或是事实。从这一点上来分析，中英双语是没有异同的。不同之处在于：英语在组词构句中，其重心通常会前置。汉语则相反，常常采取后置，让学生们了解并掌握这种语言文化上的不同之处，不仅有助于学生更好地理解英语的含义，也能够使学生更好地运用英语进行沟通交流。

例如，Tragedies can be written in literature since there is tragedy in life. 这句话是典型的英语前置风格，将结论放在句前，原因放在句末，即果前因后。如果换成汉语，这句话的表述顺序应该是“悲剧既然存在于生活，那么文学作品就会有悲剧”。这种表述方式是典型的前因后果，如果不按照这个顺序，而是仅以字面顺序翻译，结果会是“文学作品中有悲剧，是因为生活中有悲剧”。这样的一句话，虽然细读之下可以理解，但却是十分拗口。因此，深刻理解中英文语言文化的“前因后果”与“前果后因”模式的异同，对找准英文语句，特别是大段的从句的重心，十分有帮助。

例如，The people of a small country can certainly defeat aggression by a big country，if only they dare to rise in struggle，dare to take up arms and grasp in their own hands the destiny of their own country. 这是英语的复合句的典型特征“多枝共干”。汉语通常采用数个较短的简单句表达同样的意思，所以这句话的翻译要注意，切忌按顺序理解成“小国人民一定能战略大国的侵略，只要他们敢于起来斗争，敢于拿起武器，掌握自己国家的命运”，而是要找准切入点，将其理解成为“小国人民只要敢于起来抗争、拿起武器，掌握自己国家的命运，就一定能够战胜大国的侵略”。这就是我们前面所说的，汉语重心后置，英语重心前置。

随着改革开放的深化，各行各业运用英语的机会大大增加。高职学校是高职学生们毕业走向社会的预备平台，高职学校要帮助学生做好开启职业生涯的一切准备工作。因此，高职院校的英语教学工作要逐步摆脱应试教育这个桎梏，在教学过程中，不断地引入跨文化理解内容，并着力打造语境，培养学生熟练地与不同文化背景的人士顺利的沟通交流，更好地实现跨文化交际。

第三节　传统文化在高职艺术生英语教学中的应用

英语作为一门世界公用的语言，承担着文化传播的重任。对高职艺术生英语教学而言，要想完成对艺术生跨语言文化能力的培育，就要在课堂中加强中华优秀传统文化的融入，以促进中华传统文化在多元文化环境下的发展。据此分析中华优秀传统文化在高职艺术生英语教学中的应用现状，并结合存在的主要问题，提出中华优秀传统文化在高职艺术生英语教学中的应用路径，以期为广大英语教学工作者提供理论的参考和依据。

我国优秀传统文化作为我国人民重要的精神力量，是中华儿女必须了解和掌握的重要内容。伴随着我国对外开放和全球化合作程度加深，英语在文化传承方面所发挥的作用日益凸显。因此，要想实现跨文化交际人才的培养目标，高职艺术生英语教学中必须重视对我国传统文化的介绍，并将其寓于教学各个环节中，发挥其对教学的指导作用，以实现英语教学效果的整体性提升。

一、中华优秀传统文化在高职艺术生英语教学中的应用现状分析

在职业教育落实全面深化教育改革政策背景下，高职院校艺术专业为更好地完成人才培养任务，结合实际教育现状制定艺术人才的培养目标，并将英语教学的重心放在提升学生的应用能力方面，特别是英语思想基础能力和语言实践运用能力。因此，在编制英语课程教材、设立课程标准、确定教学目标等环节时，教师会侧重于英语短语和词汇学习，忽视对艺术类学生跨文化交际能力的培育，导致英语教学内容过于单一空洞，学生缺少对西方文化与我国传统文化的了解和认识。另外，从就业视角看，市场经济的快速发展，加深各企业之间竞争的程度，在这种严峻的就业环境下，高职主要以服务市场经济为主要工作目标，通过对人才的精准输送，增加高职院校的毕业生就业率。在这种整体办学目标的影响下，高职艺术生英语教学还不能倾向于对学生人文素养的培育，导致我国优秀传统文化在英语课堂中渗透力不足。而从英语教师角度来看，大部分英语教师认为传承我国传统文化的重任应落实到人文课程中，在英语教学实践中忽视传统文化融入，阻碍了艺术类学生对我国文化的深入理解。

二、中华优秀传统文化融入高职艺术生英语教学中的必要性

（一）有利于抵制国际强势文化的侵入

全球化进程的不断地加快以及网络技术在高职学生群体中的普及，扩大了学生了解国际文化的渠道，在多元文化的影响下，部分高职艺术生为了追求个性，更好地展示自我，而转变正确的意识形态和思想观念，出现盲目崇拜和推崇西方文化的现象，弱化我国传统文化的权威地位。特别是在英语课堂中，学生文化失语症的现象日益严重，我国传统文化面临着西方多元文化的冲击。更有相关学者认为，在我国社会重要转型时期，当代青年学生正在经历文化殖民的过程，在此过程中学校如缺少对学生的正确引导，就会导致我国青年学生的民族意识和爱国情怀降低，无法有效地抵制西方强势文化的入侵，进而很难实现在全新社会形态中的文化建设。针对这种问题，高职院校艺术学生作为我国传统文化传播的重要载体，高校必须认识到在英语教学中渗透我国优秀传统文化的必要性和紧迫性，并重新审视我国优秀的本土文化，结合高职艺术学生能力发展现状，制定创新教学体制，为我国优秀传统文化的融入提供制度的保障。通过对我国传统文化的理解和学习，帮助学生树立民族意识，并逐渐增强学生的民族自信心，为实现高素质艺术人才的培养目标提供助力。

（二）增强艺术学生的爱国情怀和民族自信心

与西方传统文化相比较，我国优秀传统文化更具有大范围传播和弘扬的优势。我国作为四大文明古国之一，历经几千年发展历程所形成的文化，是我国人民智慧的结晶与艰苦奋斗的结果。在流传下来的文化遗产中，不但包含我国人民的优秀品质、思想、民族气节、民族精神、礼仪等，还包含各个文化领域所产生的职业素养。一方面在多元文化碰撞的今天，我国优秀文化具有顽强的生命力，在高职艺术生英语教学中的应用，可促进我国优秀传统文化的弘扬和继承。近年来，在我国现代化建设的过程中，我国在多个领域都获得较为突出的成果，受到世界范围内各个国家的关注和认可。而在教育领域融入我国传统文化，通过青年学生来弘扬我国优秀传统文化，可扩大其影响力，使文化转化为增强我国软实力的重要资源，为我国实现中国梦提供基础的支撑力。另一方面在英语课程中加强对我国优秀传统文化的推广介绍，可加深学生对我国文化的认知，帮助学生树立爱国意识，并逐渐形成民族自信心，从而自觉地加入对优秀传统文化的传播和推广之中，实现对我国传统文化的传承与弘扬。

（三）提升高职艺术生跨文化交流的有效地性

在当前高职艺术生英语教学实践中，教学内容涉及与目标语相关的文化知识较多，学生也较为重视对这部分知识的学习。比如，有些学生能够应用英语完整地表述出西方文化习俗和重大节日的来历，但是对我国传统节日和习俗的英语表达却了解较少，容易造成学生语言学习的偏差，不利于学生跨文化交际能力的提升。在当前教育环境中，职业教育所要求的跨文化交流是一种双向活动，如果只重视对西方文化的了解和学习，会造成学生文化交际的不平衡、跨文化交流和表达不精准。为此，在高职艺术生英语教学中，教育工作者不但要重视对目标语言文化的讲解，还要在课堂中融入我国优秀传统文化内涵和精髓，帮助学生更全面地掌握我国传统文化，并实现利用英语介绍我国文化知识，完成对我国文化传承的同时，增强学生跨文化交际的合理性和有效地性。

三、中华优秀传统文化在高职艺术生英语教学中的应用路径

（一）更新教育理念，重构教师文化传承的责任感

教师作为文化传承的重要载体，在全面落实教育改革政策的背景下，将优秀传统文化融入英语教学中，对教师提出了更高的教学要求。首先，高职英语教育工作者应转变教育理念，突破传统教学理念对自身思维的限制，更加清晰地认识到英语教学的目标不仅是培养学生掌握语言应用的能力，更要发挥自身引导作用，向学生传递更多的我国优秀传统文化，帮助学生树立文化传承的意识，所以教师应主动地了解教育领域出现的全新理念，并加强对其的理解，通过不断地实践和反思，完成对理念的合理应用。其次，教师要重塑自身承担的文化传承责任，在培养艺术生专业能力方面，要不断地增强自身的教育能力和素

养。教师可利用工作之余，加强对我国历史文化的学习，可翻阅相关的资料，并标注其中关于中华文化和历史的英语词汇，将词汇进行整理和分类，通过对词汇的学习与记忆，不断地增加自身的语言功底和词汇量，做到能够利用英语熟练地向学生传授我国历史文化。同时，在英语课堂中，教师可通过我国优秀文化和西方文化的对比，加强对我国文化的宣传和弘扬，加深学生的认知，并增强学生对我国优秀文化的认同感，从而更加主动地参与到跨文化学习中，成为文化传承和弘扬的中坚力量。

（二）寓我国优秀传统文化于英语教学的各个环节中

我国优秀传统文化在高职艺术生英语教学中的合理应用，需要英语教师对传统英语教学内容作出调整和规划，为我国优秀传统文化的渗透提供空间和机会，并完成对英语教学内容的创新安排。在全新的教学环境中，英语教师应打破传统课堂对教学内容的限制，使英语教学不拘泥于教材，又与教材有着密切的联系，帮助学生真正地认识到学习我国优秀传统文化的重要性和紧迫性。为此，在教学实践中，教师可在英语教学内容中设置关于我国传统节日、习语、生活风俗习惯等要素，并适时添加与艺术类有关的文化内容，如英文介绍中国传统戏剧、中国音乐、中国舞蹈等，增强学生兴趣的同时，也能促进传统文化在英语教学各个环节中的融合。例如，教师在讲解西方节日时，就可对比讲解西方的 Christmas Day（圣诞节）和我国的 Spring Festival（春节）这两个中西方重大的节日。教师可在课堂中引导学生对比节日的异同之处，并找到两种不同文化的相交点，引导学生进行深入地讨论，并通过对节日的学习掌握更多的文化习俗。比如教师可为学生讲解圣诞节西方人吃火鸡、摆圣诞树、挂长筒袜等风俗习惯，同时对比中国春节挂灯笼、放鞭炮、吃饺子等习俗。通过不同节日相关用语的学习，学生逐渐掌握利用英语表达我国传统节日的方法，一定程度上激发学生深入了解我国文化的主动性和积极性。

（三）开展英语教学活动，增强艺术生文化学习的主动性

我国优秀传统文化在英语教学中的融入，不仅要体现在教学内容方面，还要拓展到课堂之外，通过对文化的具体应用，使学生掌握语言的实践应用技能。因此，英语教师可定期组织英语教学活动，通过课上学习与课外实践的配合，不断地扩大学生的视野和知识面，增强艺术生文化学习的积极性和主动性。教师可利用课堂多余时间，播放英文版介绍中国传统文化的电视节目如《舌尖上的中国》，或播放并讨论学生感兴趣的电影如成龙的英文功夫电影，增强英语教学趣味性的同时，加深对中国传统文化的热爱与传承。同时也可在课堂之外，组织学生开展与中国传统文化相关的英语知识竞赛、英语话剧、音乐演出等实践活动，并鼓励学生参与到活动策划和实施的全过程，比如笔者所在学校就组织艺术类学生参与“五四”青年节有关的英文知识竞赛、《西游记》英文版话剧、中西方文学作品朗诵及歌唱比赛等。对活动内容和涉及的相关文化的了解，不仅发挥了艺术生的专业特长，而且加深了学生对中西方文化的认知，增强了跨语言交际的有效地性。

我国优秀传统文化作为我国宝贵的精神财富，是我国经济和文化建设的重要支撑力，

也是我国人民的精神支柱。在全球化发展进程不断地加快的环境下开展高职艺术生英语教学活动，必须认识到传承和弘扬我国优秀传统文化的重要性，并利用合理手段促进我国传统文化在课堂中的融入。只有这样才能够保障高职艺术学生在复杂的语境下保持清醒的头脑，并自觉加入我国传统文化传承工作中，为向国际友人介绍我国优秀文化贡献力量，实现在当今社会背景下多元文化的协调发展。

第四节　文化嵌入在高职大学英语阅读教学中的应用

阅读理解过程受到图式的影响，在大学英语阅读教学过程中，可以通过阅读教学中嵌入文化背景知识、嵌入中西文化差异以及阅读教学课前、课后嵌入文化探究活动等方式提高学生的阅读理解能力，从而提升学生的英语语言综合应用能力和跨文化交际能力。

美国杰出的语言学家萨庇尔（Edward Sapir）在他的《语言》一书中提到语言不能脱离文化而存在。语言是文化的一部分，要真正学好一种语言，必须懂得文化的一些模式和准则。胡文仲前辈认为，学习文化和语言是相辅相成的，学习者对所学语言国家的历史文化、传统习俗、生活方式乃至生活细节了解得越深刻细致，就越能正确理解、使用这一国家的语言。一些语言教学专家和学者曾提出，中国的英语教学要结束“读写”为本的时代，进入“听说”为本的新时代，但社会中出现了一些新情况，无论是从规模、数量，还是从层次、式样与质量上，对英语阅读和英语阅读教学提出了更高与更新的要求，同时加强了阅读在中国英语教学中的地位。阅读是中国语言学习者主要的输入方式，对学生的英语语言应用能力产生深远的影响，是学习者语言学习成败的关键所在。在阅读教学中，往往存在这样一些现象：教师重视阅读文本中语言知识点和语言技能的教学，忽视阅读文本整体语篇和文化背景的教学。阅读教学作为大学英语课程教学的重要部分，是英语语言教学中的重点，应该注重语篇整体教学，注重文化的教学。

一、“文化嵌入”的内涵

《现代汉语词典》将文化解释为：人类在社会历史发展进程中所创造的物质和精神财富的总和。文化可以理解为三个层次：第一层次处于表层的是物质文化；第二个层次主要指精神文化，包括政治、经济、法律、文学作品、人际交往和行为习惯等；第三个层次是心理层次或称观念文化，包括人的价值观念、思维方式、审美情趣、道德情操和民族心理等。英文中的“culture”也是个难以解释的词。有的学者把文化比作冰山，我们看到的只是冰山的小部分，还有大部分是隐性而宽厚的，位于水面以下。语言与文化密不可分，语言只是文化冰山的一角。

“嵌入性”（Embeddedness）概念最初是由人类学家波兰尼于 1944 年在《伟大的转折》

一书中提出来的，他认为，个人的经济动机嵌入社会关系中，经济行动属于社会活动的一部分。“嵌入”一词主要用来解释经济领域和社会活动中的一些重要现象。Kramsch认为：“文化在语言学习中不是可有可无的第五种技能，排在听力、口语、阅读和写作教学之后，文化从学习者开始学习外国语的第一天起就应始终渗透其中”。“嵌入”一词很好地解释了语言学习与语言教学中“文化”的重要性以及语言与文化融合的方式与方法，教师在语言教学过程中，应将文化视为语言教学内容的一部分，在分析语言知识点的同时讲解分析相关文化知识，在指导训练学生语言技能的同时让学生理解文化与习得文化，从而培养学生的综合文化素养、语言应用能力和跨文化交际能力。因此，在阅读教学中我们要嵌入文化的教学。

二、“文化嵌入”英语阅读理解中的必要性

阅读理解是一个复杂的心理过程。研究者通过对阅读心理过程的认识而形成的对其心理机制和规律的系统认识，将阅读理解过程分析成三种模型，即自下而上模型（Bottom-up model）、自上而下模型（Top-down model）和相互作用模型（Interactive model）。自下而上模型强调信息从低级到高级的转换，当低一级水平上出现了理解故障时就必然导致句子或篇章上的理解困难。自上而下模型认为，阅读者不是被动接受、领会文字信息，而是根据文字线索，充分利用已有的知识结构进行预测，并利用下文内容来证实或修订最初的预测，为下一步预测做准备。与之相关的理论之一是图式理论。图式是指储存在人记忆中的有系统、有组织的知识网络，是一个建立在个人经验基础上的、有层次的动态结构。基于阅读理解自下而上和自上而下两种模式，Rumelhart 于 1977 年提出阅读理解相互作用模型。他认为阅读理解是读者已有知识与视觉信息相互作用的过程。阅读理解始于对视觉信号的加工，一旦将文字辨为可识别的信号，有关语言和常识的背景图式就开始活跃并对信息来源进行解释。在阅读理解过程中，既要重视语言知识的积累，又要充分利用学习者头脑中已有的图式结构，将语言知识与背景知识相互补充，才能获得良好的学习效果。因此，语言学习者很容易受到图式的影响，而影响阅读理解的图式主要有语言图式、内容图式和形式图式。在大学英语篇章阅读教学中，教师要重视图式，要通过文化教学，消除图式对阅读理解的消极影响。

三、阅读教学中“文化嵌入”的途径与方法

（一）阅读教学中嵌入文化背景知识

1. 课文文化背景知识的嵌入

文化背景知识是指在英语阅读教学过程中出现的有关语言国家的人文历史、风俗习惯、文学典故等知识。文化背景知识从某种程度上来讲制约着学生对阅读材料的理解。大学英语综合教程中的许多课文选自英美原著，带有浓厚的英美文化特色，课文的时空和地

域文化跨度很大，如果仅仅是语言文字的教学而忽视课文的背景知识，学生就不能很好地理解课文，会陷入一知半解的困境。例如，课文中出现的“breakfast 早餐”一词，法国人、英国人的早餐和美国人的早餐不一样，美国人的早餐和中国人的早餐也是不一样的，我们要在阅读课文的语境中理解早餐的具体意思，也就是早餐包含的文化特征。又如，一篇介绍中国文化的课文出现“spring festival 春节”一词，一个没有到过中国的美国人，即使他有很多途径了解中国的春节，但他还是不能真正理解中国春节的意义。因此，文化背景知识的嵌入是阅读教学的一部分。例如，在《希望英语》综合教程 1 第四单元课文 Reading A Hawaii 的教学中，阅读前教师可以利用美国地图，让学生查看夏威夷的地理位置，并解析美国的历史以及夏威夷在美国历史上的意义，教师也可以播放《珍珠港》视频短片，讲解夏威夷在美国历史上的军事地位，让学生对夏威夷有个初步的认知；课文中出现“Chinatown”一词，教师可以解析美国的“唐人街文化”，还可以讲讲美国为什么被称为“大熔炉”以及美国的移民政策等相关文化知识，让学生深切体会到“Chinatown”的文化内涵，从而加深对课文的理解。

2. 典故中的文化知识

典故是各民族的智慧结晶，也是传统文化的精髓。在大学英语课文中，经常会出现英文典故，还会出现一些西方宗教文化特色的表达，如“the End of the World”，可以理解为“世界末日”，但在基督教中却认为是“伸张正义的时刻”，在雅玛文化中指“新轮回的开始”。又如阅读中常出现的“sacrifice 牺牲”一词，原本是个宗教术语，意思是为了向神灵表达敬意，向其贡献祭品，尤其是人或动物的生命。sacrifice 由 sacri 和 fice 构成，sacri 与 sacred（神的）同源，fice 与词根 fact（做，从事）同源，所以 sacrifice 的字面意思就是“为神做的事”。“sacrifice”原本仅仅用来表示给神的祭品，但现在一般用来表示为了正义、大众或他人利益而作出的牺牲。

3. 价值观等宏观文化因素

价值观是文化深层次的表现。中国社会提倡集体主义与协作精神，美国社会的价值观多注重个性张扬，个人利益。“individualism”翻译为“个人主义”，在美国“individualism”强调充分发挥个人的自由、权利以及独立思考与行动的能力，是个褒义词。在中国文化中，个人主义是指从个人利益出发，把个人利益置于集体利益之上，是个贬义词。在阅读教学中，教师在解析价值观等文化因素的同时还要引导学生树立正确的价值观与人生观。

（二）阅读教学中嵌入中西文化比较

阅读理解经常会受到文化上的干扰，主要的干扰因素有社会准则、社会知识、价值观念、思维特征和非语言文化等方面。因此，在阅读教学中，教师要重视中西文化差异，引导学生加强中西方文化差异的比较，并且通过比较中西方文化差异，提高文化敏感度和适应性。在说到“某人惨遭失败”时，中国人会借用《三国演义》中关公“走麦城”，西方人会联想到拿破仑“meet a Waterloo”。说到世外桃源，西方人会想到“Garden of Eden”。

在《希望英语》综合教程 1 第五单元 Reading A History of Pizza 一文的阅读教学中，教师在讲解比萨历史的过程中，渗透我国同时代的美食特色以及中西方饮食文化方面的差异，让学生感受中西方饮食差异、体会中国饮食文化的博大精深，从而引发一种强烈的文化自豪感与学习的热情。

（三）阅读教学课堂前后嵌入文化探究活动

为了充分调动学生的自主能动性，同时又能很快检测学生所学，在进行课文阅读教学前，可以引导学生完成与阅读课文相关的文化自主探究项目，教师提供相关的阅读资料，让学生自主阅读、整理。笔者在大学英语阅读教学实践中，充分利用线上信息化教学平台，给学生提供充足的学习材料，并与学生协商建立课前分享文化项目制度。例如，在《希望英语》综合教程 1 第二单元 Reading A Extreme Sports 的课文阅读教学前，学生以学习小组为单位，分别以“西方极限运动项目与原因、美国的体育运动精神、极限运动在中国的发展”等话题，引导学生查阅相关资料，利用课前分享时间与大家一起分享，感受文化内涵。在阅读课文 Reading B Football 教学后，引导学生对足球的历史、中国足球运动的发展等话题进行自主探究。学生通过文化探究活动，加深对课文理解的同时丰富文化知识，提高英语表达与应用能力。

语言和文化是相互依存、密不可分的。“文化嵌入”是大学英语阅读教学的一种有效地方式，是消除图式的消极影响、提高学生阅读理解的有效地途径。在笔者近些年的高职大学英语阅读教学实践中，通过教学中嵌入文化背景知识、嵌入中西文化差异以及嵌入文化探究活动的方式与方法，学生的英语学习积极性和学习自主性有了很大的进步，英语语言应用能力有了很大的提高，从而提升了学生的跨文化交际能力。

第五节 非言语交际在高职英语教学中的应用

在高职英语教学中，非言语交际有着不可替代的作用。本节阐述了非言语交际的内容及其在高职英语教学中的重要性和具体应用，并指出跨文化非言语交际的某些误用，希望能引起注意。

非言语交际或非言语行为，包括除言语交际以外的所有交际行为。即一个人不张口说话、不动笔书写的一切行为。以下著名故事就反映出非言语交际对交际的影响力：一次，意大利著名的悲剧影星罗西应邀参加一个欢迎外宾的宴会。席间，客人们要求他表演一段悲剧，他便用意大利语念了一段台词，尽管客人们听不懂他的台词内容，可他动情的声调和表情，凄凉悲怆，使人不禁流下同情的泪水。可一位意大利人却不经跑出厅外大笑不止。原来，这位悲剧明星念的是宴席桌上的菜单！ Leger Brosnahan 说：“交际中的一半以上信息是通过非言语信号传递的。”而 Ross 和 Birdwhistell 及 Samovar 都表明在面对面的交际中通过言语传达的信息仅占35%，而非言语行为所传达的信息高达65%，可见非言语交际在整个交际过程中的重要作用。然而，在高职英语教学中很多教师只注重运用语言给学生传授知识，课堂上缺乏或很少进行有效地非言语交际，使得课堂气氛沉闷，没有活力。下面笔者将探究非言语交际在高职英语教学中的重要性及应用，使广大英语教师进一步了解非言语交际与英语教学的密切关系，在实践中注意运用非言语手段来辅助教学，培养学生的非言语交际能力，从而提高高职英语教学质量。

一、高职英语教学中非言语交际的重要性

随着高职高专课程改革的推进，高职英语教学也取得了明显的成绩，但问题也显露出来。很多高职院校的英语教师花了很多时间，但课堂教学效果不理想。学生的语言交际能力差且非语言交际能力薄弱。但是高职教学主要注重培养学生的能力，而不仅仅是传授知识，所以，应重视非言语交际在高职英语教学中的作用，还应结合跨文化非言语交际进行教学，以促进高职英语教学水平的进一步发展。

二、非言语交际在高职英语教学中的应用

教学活动是教师和学生之间进行信息沟通和情感交流的过程。这种交流与沟通是通过语言和非言语两种行为进行的，恰当地运用非言语交际，对搞好教学有重要意义。高职学生由于英语基础相对薄弱，若不采取积极有效地教学手段，很难取得显著成效，而非言语交际就是最好的辅助。非言语交际内容十分丰富，常用于教学的有：体态语，即身体动作姿势和面部表情等；人际距离，与学生保持适当的空间距离可在学生身上产生很强的情感效应；伴随语言，如音调、音量、音高等。

那么，在高职英语课堂中教师应该怎样应用非言语交际辅助教学呢？

（一）利用非言语交际调控课堂教学

首先，通过目光来观察和控制学生，集中其注意力，教师的视线应该经常发生变化，将视线落到每个学生身上，如果发现学生走神或有小动作，就注视他，使其调整自己的行为。其次，通过空间距离调控课堂教学。教师所站的位置、座位排列、距离远近都有不同的作用。例如，笔者在组织学生课堂讨论时进行分组，每组坐在一起，我可以走到各组旁倾听指导，效果不错。最后，运用语气变化来集中学生的注意力。例如，发现学生在下面交头接耳不用心听课时，就可以有意地变换语气或者突然停止讲课加以制止。

（二）利用体态语激发学生的学习兴趣

我们注意到：同样的内容，有的教师讲起来学生很感兴趣，而有的教师讲起来学生却毫无兴趣。在此，体态语和伴随语言是激发学生兴趣的重要调节剂。教师生动的语言，配合丰富的表情、适当的姿势可以把学生带入所讲课文的意境，学生接受得也快，恰当的体

态语可以丰富想象力，加强学生的理解和记忆。在几年的教学以及与学生的交谈中，笔者发现，教师如果整堂课表情严肃或面无表情，就无法与学生产生互动，学生也不会产生兴趣，甚至会有厌恶或抵触情绪；相反，一个肢体语言丰富的教师，能活跃课堂气氛，深深地吸引学生。教师鼓励的目光会增强学生的信心，微笑能让学生倍感温暖，恰当的肢体动作能帮助学生加深理解。

（三）通过学生的非言语行为进行信息反馈

在课堂上，教师密切注意学生的体态神情以判断学生对授课内容是否感兴趣，了解学生掌握知识的情况或程度，并及时地调整教学内容和方法。若学生表情很投入，说明很感兴趣，并且掌握了知识；相反，皱眉、低头不语或眼神茫然表明他们没理解，教师还应做进一步解释或换种方式解释。由此可见，非言语信息可以帮助教师初步了解教学的效果，灵活调整教学活动。

三、非言语交际的误用

尽管非言语交际能很大地促进高职英语课堂教学，但某些体态语的错误使用会给教学造成障碍甚至导致教学的失败。一位老师曾做过这样的实验，她在课堂中使用音量、拍掌、指点和眼神来代替语言以吸引学生的注意力，这是美国语言教育专家 John Rassia 曾使用的方法。结果受试 41.6% 的学生不能接受拍掌和指点，认为老师指着学生会伤害他们的自尊，而该教学法在 Rassia 的课堂上很受欢迎，因为美国文化中，拍掌是指“快，加油”的意思；在中国的课堂中使用拥抱或亲吻会吓到学生；中国的学生不能接受老师坐在桌沿儿时有这样的动作，而美国的学生却很喜欢老师这样给他们授课。因此应注意非言语交际的跨文化差异，避免误用。

非言语交际与高职英语教学息息相关，非言语交际能力的培养对促进高职英语教学有着重要的实际意义，不容忽视。因此，在高职英语教学中，我们要把非言语交际提到重要日程上来。

参考文献

[1] 余胜泉 . 推进技术与教育的双向融合——《教育信息化十年发展规划（2011-2020）》解读 [J]. 中国电化教育，2012（5）.

[2] 何克抗 . 智慧教室 + 课堂教学结构变革：实现教育信息化宏伟目标的根本途径 [J]. 教育研究，2015，36（11）.

[3] 祝智庭，贺斌 . 智慧教育：教育信息化的新境界 [J]. 电化教育研究，2012（12）.

[4] 刘芳 . 基于网络教学平台的互动式大学英语教学模式探究 [J]. 学园（教育科研），2012（23）.

[5] 何克抗 . 从 Blending：Learning 看教育技术理论的新发展 [J]. 国家教育行政学院学报，2005（9）.

[6] 何克抗 . 从 blended learning 看教育技术理论的新发展（上）[J]. 中国电化教育，2004（3）：5-10.

[7] 黎加厚 . 微课程教学法与翻转课堂的中国本土化行动 [J]. 中国教育信息化，2014（14）：7-9.

[8] 刘立 . 基于混合式学习理论的教学空间实践探索 [J]. 长沙民政职业技术学院学报，2012（4）：82-84.

[9] 钟晓流，宋述强，焦丽珍 . 信息化环境中基于翻转课堂理念的教学设计研究 [J]. 开放教育研究，2013（1）：58-64.

[10] 陈肖庚，王顶明 .MOOC 的发展历程与主要特征分析 [J]. 现代教育技术，2013，（11）：5-10.

[11] 曾明星 . 基于 MOOC 的翻转课堂教学模式研究 [J]. 中国电化教育，2015（1）.

[12] 张辉 .MOOC 背景下翻转课堂的构建与实践——以现代教育技术公共课为例 [J]. 现代教育技术，2015（2）.

[13] 张新明，何文涛 . 支持翻转课堂的网络教学系统模型研究 [J]. 现代教育技术，2013（8）.

[14] 付云红 . 慕课视域下商务英语翻转课堂教学模式 [J]. 海外英语，2015（11）：90-92.

[15] 王欣 . 慕课”理念下高职院校商务英语教学策略研究 [J]. 海外英语，2016（1）：46-47.

[16] 曾明星，周清平，蔡国民，等. 基于 MOOC 的翻转课堂教学模式研究 [J]. 中国

电化教育，2015(4)：102-108.

[17] 蔡文璇，汪琼 .2012：MOOC 元年 [J]. 中国教育网络，2013，(4)：16-18.

[18] 冯菲，于青青，蔡文璇，等 .2013 年全球慕课运动回顾 [J]. 工业和信息化教育，2014，(9)：5-12.

[19] 康叶钦 . 在线教育的“后 MOOC 时代”——SPOC 解析 [J]，清华大学教育研究，2014，(1)：85-93.

[20] 祝智庭，刘名卓 .“后 MOOC”时期的在线学习新样式 [J]. 开放教育研究，2014，(6)：36-42.

[21] 徐葳，贾永政，[美] 阿曼多 · 福克斯，等 . 从 MOOC 到 SPOC——基于加州大学伯克利分校和清华大学 MOOC 实践的学术对话 [J]. 现代远程教育研究，2014，(4)：13-22.

[22] 王朋娇，段婷婷，蔡宇南，等 . 基于 SPOC 的翻转课堂教学设计模式在开放大学中的应用研究 [J]. 中国电化教育，2015，(12)：79-86.

[23] 张金磊，王颖，张宝辉 . 翻转课堂教学模式研究 [J]. 远程教育杂志，2012，(4)：46-51.

[24] 曾明星，李桂平，周清平，等 .MOOC 与翻转课堂融合的深度学习场域建构 [J]. 现代远程教育研究，2016，(1)：41-49.

[25] 覃国庆 . 以工作过程为导向的高职旅游英语实践教学模式初探 [J]. 教育与职业，2009，(11)：100-102.

[26] 叶志良，徐洁 . 近三年我国旅游英语规划教材现状抽样分析 [J]. 中国出版，2013，(1)：56-58.

[27] 周敏 .“互联网 +”时代中国高职教育转型思考 [J]. 北京教育（高教）2015，(12)：24-25.

[28] 黄从玲，赵勃 . 现代职业教育体系下高职旅游英语教学的探讨 [J]. 杨凌职业技术学院学报，2016，(3)：60-63.